Kohlhammer

Karl Johannes Lierfeld

Künstliche Intelligenz: Mythos und Wahrheit

Verlag W. Kohlhammer

Dieses Werk einschließlich aller seiner Teile ist urheberrechtlich geschützt. Jede Verwendung außerhalb der engen Grenzen des Urheberrechts ist ohne Zustimmung des Verlags unzulässig und strafbar. Das gilt insbesondere für Vervielfältigungen, Übersetzungen, Mikroverfilmungen und für die Einspeicherung und Verarbeitung in elektronischen Systemen.

Dieses Werk enthält Hinweise/Links zu externen Websites Dritter, auf deren Inhalt der Verlag keinen Einfluss hat und die der Haftung der jeweiligen Seitenanbieter oder -betreiber unterliegen. Zum Zeitpunkt der Verlinkung wurden die externen Websites auf mögliche Rechtsverstöße überprüft und dabei keine Rechtsverletzung festgestellt. Ohne konkrete Hinweise auf eine solche Rechtsverletzung ist eine permanente inhaltliche Kontrolle der verlinkten Seiten nicht zumutbar. Sollten jedoch Rechtsverletzungen bekannt werden, werden die betroffenen externen Links soweit möglich unverzüglich entfernt.

Umschlagabbildung: iStock.com/Keattisak A.

1. Auflage 2025

Alle Rechte vorbehalten
© W. Kohlhammer GmbH, Stuttgart
Gesamtherstellung: W. Kohlhammer GmbH, Stuttgart

Print:
ISBN 978–3–17–044960–2

E-Book-Formate:
pdf: ISBN 978–3–17–044961–9
epub: ISBN 978–3–17–044962–6

Inhalt

Einleitung 7

1. Gebot: Du sollst nicht glauben, das Gehirn sei ein Computer 29
2. Gebot: Du sollst nicht glauben, KI sei wirklich kreativ 40
3. Gebot: Du sollst nicht glauben, Maschinen hätten eigene Motivationen 57
4. Gebot: Du sollst nicht glauben, Maschinen hätten Bewusstsein 67
5. Gebot: Du sollst nicht glauben, Maschinen könnten Dich beherrschen 75
6. Gebot: Du sollst nicht glauben, Maschinen könnten Dich ersetzen 85
7. Gebot: Du sollst Technologie nicht vermenschlichen .. 98
8. Gebot: Du sollst Maschinen nicht über- und Menschen nicht unterschätzen 106
9. Gebot: Du sollst Maschinen keine Grundrechte zusprechen 121
10. Gebot: Du sollst keine technologischen Götter haben 129

Konklusionen – Ausblicke – Lösungsansätze 137

Danksagung 166

Bibliographie 167

Einleitung

» Seit 20 Jahren liest man regelmäßig, dass der Durchbruch der Künstlichen Intelligenz unmittelbar bevorsteht. Aber jetzt stimmt es wirklich. (Sascha Lobo)

» Wenn man ihnen gestattet, in einer komplexen Welt eigenständig zu handeln, bergen geistlose Maschinen enorme Risiken gemeinsam mit ihrer enormen Leistungsfähigkeit, gleichgültig, ob sie als Roboter verkörpert sind oder einfach algorithmisch abgeleitete Urteile ausgeben. (Nicolas G. Carr)

Mythos und Wahrheit, Hype und Realität lagen kaum jemals so nah beieinander wie bei der künstlichen Intelligenz. Ist KI wirklich schon zu dicht am biologischen Vorbild – unserer eigenen Intelligenz? Oder geht es hier eher um eine prinzipiellere, grundlegendere Frage? Schließlich haben wir Menschen ja bereits Myriaden an ausgeklügelten Werkzeugen entwickelt. Aber noch nie waren wir in der Situation, die Potenziale, Chancen und Risiken eines unserer Werkzeuge nicht eindeutig abschätzen zu können. Wird uns KI befreien oder versklaven? Erlösen oder ersetzen? ›Empowern‹ oder entmachten?

Mit dieser binären Logik wird der digitalen Transformation rund um KI und Robotik eine geradezu paranoide Entscheidungsnot eingeprägt. Doch KI besitzt, wie jede andere Technologie, vom ersten Faustkeil bis zur Nuklearkraft, *dual use*-Charakter: Sie kann nutzen oder schaden. Die überdeutlich aufscheinende Ambivalenz von Technik hat hier zwar eine völlig ungekannte Dimension erreicht, ist aber im Kern alles andere als neu oder unerhört. Bereits der Faustkeil des frühen Menschen konnte zum Zerkleinern von Nahrung oder zum Zerschmettern der Schädelkapsel eines unliebsamen Zeitgenossen verwendet werden. Und selbst Waffentechnologie kann zu zivilisatorisch wünschenswerten Zwecken wie der Selbstverteidigung genutzt werden. Dieser zweischneidige *dual use*-Charakter von Technik ist seit unseren Pioniertagen als Werkzeugmacher präsent, sollte jedoch der Weiterentwicklung der Tools nicht entgegenstehen. Denn die spezifische Nutzung des Werkzeugs war schon immer entscheidender als das Werkzeug selbst.

Und so paradox es klingen mag: Gerade, weil eine abschließende Beurteilbarkeit so schwer fällt, forciert dies die Entscheidung für eine der beiden möglichen Optionen. Mit anderen Worten: Eben weil es nur zwei Möglichkeiten zu geben scheint, muss eine eindeutige Entscheidung her, die aus den beiden Möglichkeiten eine Wahrheit zieht. Doch folgt künstliche Intelligenz wirklich mit algorithmischer Unausweichlichkeit dieser binär-oppositionellen Logik? Oder liegt darin vielmehr eine Zuschreibung durch uns Menschen, den zunehmend verzweifelten und verzweifelnden Erfinder dieser so potenten wie rätselhaften Technologien?

Wie so oft liegt die Wahrheit auch hier auf einem Spektrum – genau genommen auf einem Wahrscheinlichkeitsspektrum, auf das wir Menschen allerdings entscheidenden Einfluss haben. Denn wie bei jeder anderen Technologie auch kommt es ganz entscheidend auf die Art und Weise des menschlichen Einsatzes an. Lernen wir als kreative Menschen, KI-Systeme zu unserem Vorteil zu nutzen oder verweigern wir uns der gesamten Entwicklung – und werden genau durch diese Haltung abgehängt? Überlassen wir der Technologie das Steuer oder bleiben wir Kapitän? Nutzen wir KI für zivile Zwecke oder lassen wir zu, damit neue Formen der Kriegsführung zu etablieren? Das sind nur drei von zahlreichen möglichen Grundsatzfragen.

Einleitung

Festzuhalten bleibt: Je fortgeschrittener und weniger verbreitet die Technologie ist, desto undurchsichtiger erscheinen ihre Kernfunktionen. Zudem ist mit dem Hype rund um KI eine Fülle an Experten aus dem Kraut geschossen, die sich teils nicht nur untereinander uneins sind, sondern sich sogar regelmäßig selbst widersprechen. Es ist also gar nicht so leicht, aus der Laiensphäre eine fundierte digitale Perspektive aufzubauen. Aber nichtsdestotrotz ist es möglich! Und dazu soll dieses Buch zugleich ein Ansporn und eine praktische Hilfestellung sein. Fakt ist jedenfalls: KI ist gekommen, um zu bleiben.

Totgesagte leben offenbar wirklich länger. Denn künstliche Intelligenz wurde schon mehrmals abgeschrieben, für ultimativ unerreichbar gehalten oder auf andere Weise in Zweifel gezogen. Zwei kalte ›KI-Winter‹ (der erste Mitte der 1970er bis Anfang der 1980er Jahre, der zweite Ende der 1980er bis Anfang der 1990er Jahre) wurden überstanden, in denen die Erwartungen der Investoren nicht erreicht worden waren, wodurch das Investitionsvolumen naturgemäß zurückgefahren wurde. Doch die Realität verhält sich nicht streng binär wie die Logik der maschinellen Intelligenz. Zwischen Mythos und Wahrheit kann demnach ein weites Spektrum an Zwischenstufen liegen. Dennoch lassen sich einige dieser Vorstellungen eindeutig in das Reich des Mythologischen verweisen, während andere fundiert sind. Ihre schiere Existenzmöglichkeit wurde angezweifelt, ja sogar vehement abgestritten. Aber jetzt ist künstliche Intelligenz – vor allem dank der ›ChatGPT Revolution‹ – endlich im Mainstream angekommen. Ähnlich wie einst beim Internet oder der allgemeinen Digitalisierung etabliert sich KI gerade als neuer Standard, an dem man einfach nicht mehr vorbeikommt. Und das gilt nicht nur für den Einzelnen – welcher Profession auch immer angehörig – sondern in einer anderen Schärfe auch für Unternehmen und Konzerne. Wer jetzt noch zögert, spezifische KI-Anwendungsfälle (sogenannte *use cases*) zu identifizieren, versäumt die Chance, seine Prozesse effizienter und sein Unternehmen produktiver zu machen. Rund zwei Jahre nach der Markteinführung des Epoche machenden Tools »Chat GPT3« durch die Firma »OpenAI« kann sich kein Unternehmen mehr zu den frühen Anwendern (*early adopters*) zählen, wenn jetzt erst damit begonnen wird, KI-basierte Technologien zu nutzen. Erste fundierte Statistiken wie die 2024 veröffentlichte Adesso-Studie zum Einsatz von generativer KI zeigen: Auch in Deutschland stehen wir bereits eher irgendwo zwischen früher und später Mehrheit (*early/late majority*). Insofern hat der eingangs zitierte Autor und Blogger Sascha Lobo mit seiner Einschätzung natürlich einen validen Punkt getroffen. Diesmal sind die Erwartungen an KI-Systeme offenbar mehr als gerechtfertigt. Denn sie besitzen das Potenzial, fast alles zu verändern.

Kernthesen

Die Kernthesen dieses Buches auf einen Blick:

1. Der Mensch wird immer mehr sein als KI. Das menschliche Gehirn kann durch KI weder zur Gänze nachgebildet noch ersetzt werden.
2. KI wird immer nur ein Werkzeug bleiben. Durch die Simulation bzw. die geschickte Nachahmung menschlicher Fähigkeiten wird die Unterscheidung jedoch immer anspruchsvoller. Es besteht zunehmend die Gefahr der Anthropomorphisierung (Vermenschlichung) von KI.

In diesen Kernthesen spiegelt sich weniger Technikskepsis als vielmehr die feste Überzeugung, dass der Mensch immer vielschichtiger und komplexer sein wird als sein vielseitigstes Werkzeug. Wir dürfen nicht vergessen, warum KI überhaupt erfunden wurde – nämlich, um den Menschen in all seinen Tätigkeiten zu unterstützen. Nur, weil unsere Werkzeuge langsam, aber sicher immer besser darin werden, diese vielfältigen Aufgaben zu erfüllen, heißt das nicht, wir würden dadurch entmachtet. Im Gegenteil: Wer versteht, die mannigfachen Potenziale geschickt für sich zu nutzen, wird ermächtigt!

Mensch > KI

Der Mensch, so lautet die erste Kernthese, wird sich durch künstliche Intelligenz weder vollumfänglich erfassen noch abbilden oder gar ersetzen lassen. Somit wird der Mensch als Schöpfer von KI auch niemals von seinem bislang potentesten Werkzeug evolutionär auf die hintersten Ränge verwiesen werden können. Dieser Umstand hat wenig bis nichts mit der anscheinenden Substratunabhängigkeit kognitiver Prozesse zu tun (also ob sie biologisch oder künstlich sind), sondern erscheint vielmehr als logisches Resultat aus dem Verhältnis von Original zu Simulation. Die durch künstliche Intelligenz herbeigeführten Simulationen menschlicher Geisteskraft können in Teilbereichen dem Original sogar weit überlegen sein (siehe Schach-Computer oder »AlphaGo Zero« etc.). Der menschliche Geist hat all diese Expertensysteme allerdings ersonnen, wodurch sich paradoxerweise sein uneinholbarer Vorsprung zeigt. Zudem hat er dies durch seine intrinsische Motivation und seine Ambitionen geschafft, die Welt, seine Gegenwart und Zukunft zu gestalten.

Untrennbar mit dem ›menschlich sein‹ verbunden ist zudem die Subjektivität, mit der eine große Unvorhersehbarkeit einhergeht.

Der Mensch als ultimativer Werkzeugmacher

KI ist unser Werkzeug, der Mensch sein Schöpfer, so die zweite Kernthese. Binnen rund einer Million Jahren etablierte sich der Homo sapiens als ultimativer Werkzeugmacher, der stets geschickter und einfallsreicher hinsichtlich Konzeption und Herstellung seiner Gerätschaften wurde. Bis zum heutigen Tag hat diese Evolution keineswegs nachgelassen – im Gegenteil. Als einziger Werkzeugmacher des Tierreichs gestaltete der Mensch seine Umwelt und sich selbst wie kein anderes Wesen; eine Entwicklung, die schließlich vorerst in der Erfindung des wohl potentesten unserer Werkzeuge gipfelte. Der künstlichen Intelligenz. Die ohne ihr biologisches Vorbild allerdings vollkommen undenkbar wäre. Die Entstehung und vor allem die weitere Entwicklung künstlicher Intelligenz kann nicht isoliert vom Menschen gedacht werden. Nicht nur, weil der Mensch als ihr Schöpfer und Urheber für die Entwicklung von KI verantwortlich ist – sondern auch, weil unsere eigenen kognitiven Werkzeuge von ihren künstlichen Mit- und Gegenspielern immer wieder herausgefordert werden. Welchen ethischen Normen soll KI gehorchen? Welche menschlichen Schwächen dürfen sich auf keinen Fall in der Maschinenintelligenz fortsetzen? Wie können wir gewährleisten, die Potenziale für Nutzen zu maximieren und die Schadenspotenziale zu minimieren?

Als dominantester Werkzeugmacher des Tierreichs hat der Mensch mit KI sozusagen sein Meisterstück abgeliefert. Glücklicherweise verfügte der Mensch auch über das passende *embodiment* (allen voran die Nutzung des opponierenden Daumens), um seine kognitiven ›PS‹ auch auf die Straße bringen zu können. Doch KI hat mit der Intelligenz ihrer Schöpfer tatsächlich nur Schnittmengen gemeinsam.

Betrachten wir zur Annäherung an das faszinierende kognitive Phänomen der Intelligenz einmal zwei diametral einander gegenüberstehende Definitionen:

- Definition 1: Intelligenz ist die Fähigkeit, aus einem Minimum an Informationen ein Maximum an relevanten Schlüssen zu ziehen.
- Definition 2: Intelligenz ist die Fähigkeit, aus einem Maximum an Informationen ein Minimum an relevanten Schlüssen zu ziehen (Lierfeld 2018).

Was auf den ersten Blick wie eine formale Spielerei wirken mag, beschreibt auf den zweiten Blick recht exakt die Unterschiede von biologischer und maschineller Intelligenz. Die Menschheit hat von je her konzeptionelle Durchbrüche auf dünner Informationslage ›gewagt‹ und ist damit regelmäßig auf die nächsthöhere Entwicklungsstufe gelangt. Beispielsweise liegt das Minimum an Informationen bei der Entstehung von Feuer in zwei Beobachtungen: Reibung erzeugt Hitze und unterschiedliche Materialien können diese Hitze unterschiedlich gut speichern und abgeben. Diese Informationen enggeführt ergeben den konzeptionellen Durchbruch, der zum Beherrschen des Feuers erforderlich war. Ähnlich verhält es sich mit der Erfindung des Rades und vielen weiteren Beispielen mehr, wobei freilich mit der jeweiligen Entwicklungsstufe auch der Komplexitätsgrad kontinuierlich stieg (Lierfeld 2018).

Betrachten wir die zweite Intelligenzdefinition, so haben wir hiermit eine Schablone für den Umgang mit Big Data – überwältigend großen Datenmengen, auf die Maschinenintelligenz viel besser vorbereitet ist als menschliche Intelligenz. Lediglich Autisten verfügen ebenfalls über die Fähigkeit, aus einem überbordenden Maximum an Informationen ein Minimum an relevanten Schlüssen zu ziehen. Maschinen können dies jedoch auf reproduzierbar zuverlässige Weise und in Datenmengen, die den leistungsfähigsten Savant auf die hintersten Plätze verweisen würde. In einer Utopie würde unsere biologische Intelligenz Wege finden, mit der künstlichen Intelligenz Synthesen einzugehen, ohne die eigene Identität völlig preis- oder aufgeben zu müssen. In einer dystopischen Alternativzukunft würden wir allerdings weder konzeptionelle Durchbrüche noch die Beherrschung der Big Data-Welt unserer Spezies zuschreiben können. Künstliche Intelligenz würde damit tatsächlich zu unserer vom amerikanischen Autor und Dokumentarfilmer James Barrat ausgerufenen »letzten Erfindung« (Barrat 2014). Im positiven Fall postuliert Barrat KI als die letzte Erfindung, die wir je machen müssen, da die Maschinenintelligenz von nun an jegliche Weiterentwicklung für uns übernehmen würde, aber im negativen Fall spricht er von der letzten Erfindung, die wir je machen können werden, da wir durch eben jene potenten Maschinen entmachtet werden.

KI hat das Potenzial, mehr zu verändern als die Einführung der Elektrizität und die Erfindung des Internets zusammen. Daher ist diese Forschungsrichtung vollkommen zurecht gerade in aller Munde. Kein Trendthema ist dabei zugleich mit einem derart gewaltigen Hype, aber auch mit einer solchen Fülle an Vorurteilen, Halbwahrheiten, Falschvorstellungen und gar Mythologisierungen verbunden wie KI. Relativ harmlos, aber zugleich auf fatale Weise irreführend sind Kategorienfehler wie die Gleichsetzung von generativen KI-Tools wie »Chat GPT« mit künstlicher Intelligenz als solcher. Hierbei handelt es sich um eine Art von pars-pro-toto-Fehler, in dem ein Teil mit der Gesamtheit gleichgesetzt wird. Ein Autoreifen gehört zweifellos zu einem Auto, konstituiert dieses aber nicht. Genauso verhält es sich mit generativer KI. Text- und Bildgeneratoren werden zwar durch künstliche Intelligenz ermöglicht, repräsentieren aber nur einen verhältnismäßig kleinen Teil des riesigen Spektrums, das durch KI abgedeckt wird.

Der menschliche Verstand ist das Territorium, KI die Karte

Von jeher entsprach das Verhältnis zwischen menschlichem Verstand und künstlicher Intelligenz dem zwischen Territorium und Karte; ersteres entspricht dabei dem Original, zweiteres der Nachbildung. Diese klare Grenzziehung gilt nach wie vor. Die größten Herausforderungen ergeben sich aktuell aus einem Hang zur Anthropomorphisierung von Technologie sowie den vermeintlich unvermeidlichen Debatten um künstliche Formen von Bewusstsein.

Auch die Idee, Kognition, Intelligenz und gar Bewusstsein könnten substratunabhängig sein, hat im Kern gar nichts mit dieser Frage zu tun. Sprich, nur weil aktuell nichts dagegen zu sprechen scheint, Denkprozesse nicht nur im Protein unseres biologischen Gehirns, sondern auch im Silizium eines Computers realisieren zu können, bedeutet dies keineswegs, Bewusstsein könnte in Chatbots oder anderen KI-Systemen entstehen. Es scheint sich hierbei vielmehr um ein Problem auf der Nutzer-Seite zu handeln. Zunehmend überwältigt von der Performance intelligenter Systeme, erscheint der menschliche User zugleich oftmals unfähig, zu erkennen, dass die Simulation menschlicher Fähigkeiten ja gerade ein Hauptziel bei der Entwicklung jener Systeme war – und schreibt diesen Systemen dann in einem sentimentalen Reflex fälschlicherweise pseudo-menschliche Qualitäten zu.

Dabei kommt die Revolution künstlicher Intelligenz tatsächlich Dekaden (genau genommen sogar ca. ein halbes Jahrhundert) später als ursprünglich erwartet. John von Neumann, einer der KI-Urväter, mutmaßte bereits in den 1960er Jahren, starke künstliche Intelligenz sei praktisch ›um die Ecke‹, maximal zehn Jahre entfernt. Dieses Level wurde aber selbst 2024 noch nicht erreicht. Doch nicht nur das; es erscheint nach wie vor als durchaus fraglich, ob *Artificial General Intelligence* (AGI), also KI, die Parität zu allen kognitiven Fähigkeiten der Menschheit erlangt hat, überhaupt im Bereich des Möglichen liegt. Bei intensiverer Betrachtung erscheint der menschliche Geist als zu komplex, vielschichtig und letztlich unvorhersehbar, um ihn auf allen Ebenen künstlich replizieren zu können.

Der Mensch, seit jeher aufgespannt zwischen existenziellen Bedürfnissen wie dem schieren Überleben und der sinnhaften Suche nach Bedeutung, hat seine höchst diversen Motivationen aus evolutionären Rahmenbedingungen und dem damit verbundenen Anpassungsdruck heraus entwickeln können. Erst als die frühen Menschen ihre Nahrungsversorgung hinreichend sicherstellen konnten, blieb beispielsweise genug Zeit für die Entwicklung rudimentärer Kulturtechniken. Mit anderen Worten: Auch ein besonders tiefsinniger Homo sapiens würde zuerst seinen Verpflichtungen nachkommen und zur Mammutjagd aufgebrochen sein, bevor er in der Höhle den ersten Malereiversuchen frönen konnte. Erst die Pflicht, dann die Kür. Unterm Strich bleibt festzuhalten: Der Mensch ist seit Anbeginn von der Gewissheit seiner Endlichkeit herausgefordert, etwas für die Nachwelt zu hinterlassen. Besonders kreative Menschen stehen zudem unter dem inneren Druck, etwas zu erschaffen. Beides fehlt Maschinen völlig.

Solche existenziellen Probleme stellen sich KI-Systemen nämlich überhaupt nicht. Um mit den intellektuellen Potenzialen der Menschheit gleichzuziehen, müsste KI aber unter anderem in der Lage sein, neue Weltreligionen aufzubauen oder Charles-Manson-artige Kulte zu begründen. Sie müsste aus eigenem Antrieb neue Formen von klassischer und moderner Musik entwickeln, neue literarische und filmische Genres erfinden etc. KI müsste aus einer (ir-)rationalen Überzeugung heraus Kriege anzetteln oder Frieden stiften, paradoxe oder surreale Kunstwerke herstellen oder andere Systeme aus betrügerischer Absicht hereinlegen. All dies erscheint zum Glück derzeit nicht nur als nicht absehbar, sondern nachgerade als höchst unwahrscheinlich. Wie das bei Werkzeugen nun mal so üblich ist, werden KI-Systeme bislang nämlich nur dann aktiv, wenn ihnen der Mensch dazu einen Auftrag erteilt. Was im Zweifel schon schlimm genug sein kann.

Im Jahr 2022 kreierte das Team des US-amerikanischen Pharmaziekonzerns »Collaborations Pharmaceuticals« mit Hilfe der KI-basierten Software »MegaSyn« 40.000 neue Giftstoffe – binnen sechs Stunden! Anstatt die gesammelten toxikologischen Daten zu nutzen, um gefährliche Nebenwirkungen von Medikamenten zu vermeiden, beschritt man hier einfach den umgekehrten Weg. Dazu war nicht viel mehr notwendig, als sprichwörtlich den Schalter umzulegen. In der binären Welt der Informatik bedeutet dies, von »0« auf »1« zu schalten; während »0« für das Vermeiden toxischer Stoffe stand, zielte »1« explizit auf die Genese von Giften ab. So einfach wird aus einem hilfreichen Werkzeug eine lebensgefährliche Waffengattung! Damit wurde eine weitere kurzlebige Debatte um das Missbrauchspotenzial von künstlicher Intelligenz losgetreten. Zugleich wurde aber auch mit einer neuen Schärfe klar, wie sehr Wohl und Wehe hier von der Anwendung und damit vom Menschen abhängen.

Ein möglichst vielseitiges Werkzeug, mit dem die kognitiven Fähigkeiten des Menschen nachgeahmt, erweitert und unterstützt werden sollen, bedroht vom Grundsatz her daher keineswegs – weder explizit noch implizit – die Relevanz oder gar den schieren Fortbestand der Menschheit. Ganz im Gegenteil versprechen KI-Systeme mittel- bis langfristig Lösungen für zahlreiche unserer hartnäckigsten Probleme, von Umweltschäden bis zu Krankheiten und von Energiekrisen bis zu ökonomischen Verteilungsproblemen. Alles steht und fällt jedoch mit dem rationalen und zweckmäßigen Einsatz der jeweiligen Technologie. Und dazu bedarf es zuallererst einer ausgeprägten digitalen Kompetenz.

Die Bedeutung digitaler Kompetenz

Digitale Kompetenz ist längst zu einer Voraussetzung für die Teilnahme an der digitalen Welt und vor allem für eine erfolgreiche Nutzung der mit der Digitalisierung verbundenen Technologien avanciert. Ein Verständnis der Funktionsprinzipien und Anwendungsfälle unserer zunehmend transformierten, digitalisierten Welt zu entwickeln, ist unabdingbar, da im Grunde jeder auf die eine oder andere Weise davon betroffen ist. Die von uns Nutzern und Konsumenten erzeugten Daten werden von Unternehmen verarbeitet und genutzt, um Gewinne zu maximieren und Konsumenten in ihren Entscheidungen zu manipulieren, und zwar völlig unabhängig davon, ob wir uns dessen bewusst sind oder nicht. Daher ist jeder Bürger, ob er will oder nicht, auf die eine oder andere Weise Teil der digitalen Transformation.

Auf den ersten Blick könnte man meinen, dies gelte nur oder zumindest hauptsächlich für die Industrienationen. Paradoxerweise sind die Länder des globalen Südens aber manchmal sogar Vorreiter bei digitalen Innovationen. Eines der herausragendsten Beispiele ist sicherlich die weite Verbreitung mobiler Zahlungsmethoden in Afrika, wie sie bereits 2007 in Kenia von »Safaricom« eingeführt wurden. »M-Pesa« ist nun der dominierende digitale Zahlungsdienst auf dem afrikanischen Kontinent. Wie das Weltwirtschaftsforum bekannt gab, zahlten im Jahr 2021 schon ganze 84 % der Internetnutzer in Kenia und 60 % in Nigeria regelmäßig mit ihrem Mobiltelefon. Im selben Jahr hat Kenia einen Rekordwert an mobilen Transaktionen in Höhe von 55,1 Milliarden US-Dollar erreicht, was einer Steigerung von fast 20 % im Vergleich zu 2020 entspricht. Und im Zuge der COVID-19-Pandemie ermutigten viele afrikanische Regierungen die Bevölkerung, sich für mobile Zahlungsmittel zu entscheiden, um die Verbreitung von COVID-19 einzudämmen (Armstrong 2022). Dieses Beispiel zeigt: Digitale Innovation ist nicht an hochentwickelte Länder gebunden, sondern greift auch da, wo sie am meisten Sinn macht.

Auch Algorithmen haben Vorurteile (aber durch den Menschen)

Der Einfluss von Datensätzen, deren automatisierter Verarbeitung und den daraus gewonnenen Informationen wächst buchstäblich von Tag zu Tag. Algorithmen schlagen uns viel mehr vor als nur den nächsten interessanten Artikel bei »Amazon« oder unsere nächste Zerstreuung auf »Netflix«. Vielseitig eingesetzte Empfehlungssysteme (*recommender systems*) machen uns mit möglichen Lebenspartnern bekannt, berechnen unser individuelles Risikopotenzial für Versicherungen oder spielen eine entscheidende Rolle bei medizinischen Diagnoseverfahren. Sehr wahrscheinlich wird sich dieser Einfluss nur noch weiter ausdehnen. Ein immer größerer Bereich menschlicher Angelegenheiten wird durch algorithmisch optimierte Datenanalyse sowie den Einsatz künstlich intelligenter Agenten geregelt. Da Mustererkennung in diesen Bereichen eine große Rolle spielt, funktioniert das auch in aller Regel. So weit, so gut.

Offensichtlich sind Menschen aber keine perfekten moralischen Wesen, sondern von individuellen Vorurteilen geprägt, die meist auf persönlichen, subjektiven oder kulturell vermittelten Prägungen beruhen. Durch die Verwendung von Trainingsdaten, die aus menschlichen Daten Statistiken als Referenzen für maschinelle Intelligenz generieren, setzen wir uns der Gefahr aus, unerwünschte menschliche Vorurteile auf Algorithmen zu übertragen. Das ist insofern besonders tragisch, als algorithmusbasierten Entscheidungsfindungen eigentlich das Potenzial innewohnt, Gleichheit, Partizipation und rationale, stabile Entscheidungen zu fördern. Cathy O'Neil beschreibt die prekären Arbeitsweisen der Datenökonomie in ihrem Bestseller *Weapons of Math Destruction* wie folgt:

> » Die mathematischen Anwendungen, die die Datenwirtschaft antreiben, basieren auf Entscheidungen, die von fehlbaren Menschen getroffen wurden. […] Wie Götter waren diese mathematischen Modelle undurchsichtig, ihre Funktionsweise für alle unsichtbar außer für die Hohepriester in diesem Bereich: Mathematiker und Informatiker. (O'Neil 2016)

Wenn wir einen lernenden Algorithmus einer Umgebung aussetzen, in der bestimmte Vorurteile weit verbreitet sind, nimmt der Algorithmus an, diese seien normal, und integriert diese Daten in seine – von nun an verfälschten – Standards. Künftige Entscheidungen trifft ein so trainierter Algorithmus in Abhängigkeit von den zugrundeliegenden Daten. Ein berühmtes Beispiel für ein schief gelaufenes Chatbot-Experiment war sicherlich der Konversationsbot »Tay« von Microsoft. Am 23. März 2016 online freigeschaltet, musste »Tay« nur 16 Stunden später wieder vom Netz genommen werden, nachdem der Bot von einer Gruppe rassistischer und sexistischer Kommentatoren missbraucht und fehlgeleitet worden war (Reese 2016). Beunruhigend ist daran vor allem, wie nahtlos »Tay« den rassistischen Humor der Trolle übernahm und politisch unkorrekte Witze über Adolf Hitler und Barack Obama machte. Das Verschwinden von »Tay« zeigt deutlich, wie entscheidend und prägend der Kontakt mit einer bestimmten menschlichen Denkweise ist; wäre der Bot nur positiv eingestellten Menschen begegnet, so wäre »Tay« vielleicht heute noch online.

Doch nicht nur Chatbots wie »Tay«, sondern sämtliche algorithmisch basierten Systeme kodieren menschliche Vorurteile, Missverständnisse und Voreingenommenheiten in die Softwaresysteme ein, die zunehmend unser Leben steuern (O'Neil 2016). Besonders prekär sind Fälle von algorithmischer Entscheidungsfindung (*Algorithmic Decision Making* = ADM). Immer mehr wichtige Urteile und Entscheidungen werden von Computersystemen getroffen, die Algorithmen verwenden, um Muster in riesigen Datenmengen zu erkennen und ihre eigene Leistung durch Feedback und Fehlerkorrektur automatisch zu verbessern (ein Grundprinzip des »maschinellen Lernens«) (Lee et al. 2019; Peters 2021). Algorithmen werden inzwischen routinemäßig in verschiedenen Kontexten von Entscheidungsketten eingesetzt; sie entscheiden, ob ein Stellenbewerber für eine offene Stelle geeignet ist (Bogen 2019), ob eine Person für einen Kredit in Frage kommt (Khandani et al. 2010), wie lange ein Straftäter inhaftiert bleiben sollte (Berk et al. 2011) oder welche Diagnose und Behandlung ein medizinischer Patient erhalten sollte (Jiang et al.

2017). Aber wie gehen wir mit einer abgelehnten Bewerbung oder einem nicht gewährten Kredit um, wenn es in der Entscheidungskette keinen Menschen gibt, den wir zur Rechenschaft ziehen können?

Der Tsunami kommt erst noch

Wenn wir die beliebte Metapher der digitalen Transformation als Tsunami verwenden, müssen wir begreifen, dass sich das Wasser gerade erst vom Strand zurückzieht. Die großen Wellen stehen somit erst noch bevor. Wie können wir aber sicherstellen, als Gesellschaft und als Individuen von den kommenden Umwälzungen zu profitieren, anstatt ihnen zum Opfer zu fallen? Und wie können wir sicherstellen, dass digitale Technologien genutzt werden, um Gleichberechtigung und Teilhabe zu fördern, statt zu einer weiteren Marginalisierung von Menschengruppen beizutragen? Es liegt in unserer Hand und hängt aber von der Tiefe und Durchdachtheit unserer jetzigen Handlungen. Denn auch wenn das Bild des Tsunamis immer wieder gern verwendet wird. Im Gegensatz zur ozeanischen Urgewalt ist KI menschengemacht und deswegen auch sozusagen ›weisungsgebunden‹. Was aber, wenn sich die Entwicklung weiter rasant beschleunigt, die Fortschrittsrate irgendwann exponentiell wird und eine sogenannte ›Intelligenzexplosion‹ droht? Mit dem Konzept der Intelligenzexplosion ist eine Phase des erdrutschartigen Fortschritts gemeint. System-Updates würden nicht mehr alle paar Monate oder Wochen, sondern täglich, dann stündlich, plötzlich minütlich anfallen. Auf eine derart rasche Fortschrittsrate scheint der Mensch jedoch nicht vorbereitet zu sein. Über Jahrhunderte hinweg dauerte es meist mindestens eine Generation von der ersten Idee bis zur Realität gewordenen Innovation. Erst in den letzten 100 Jahren beschleunigte sich die Entwicklungsdynamik spürbar. Mit der Digitalisierung scheinen nun alle Dämme gebrochen, und KI setzt diesem Beschleunigungstrend sozusagen die Krone auf.

Besonders ungünstig erscheint in diesem Zusammenhang, dass die breite Gesellschaft jetzt schon an der Schwelle zur Überforderung steht. Während die einen versuchen, um jeden Preis mitzuhalten, resignieren die anderen bereits und glauben, der künstlich intelligente Kelch würde noch an ihnen vorbeiziehen. Komplett der Entwicklung entziehen kann sich jedoch niemand, da sich die Welt weiter transformiert – ob man nun daran teilnimmt oder nicht. Leider kursieren zahlreiche Missverständnisse über das ausufernde Themenfeld der Digitalisierung und spezifisch der künstlichen Intelligenz.

Digitale Transformation findet auf allen Ebenen statt

Der digitale Transformationsprozess verändert erstens die Welt und damit zweitens den Menschen und drittens das Verhältnis der Menschen untereinander. Die Essenz des digitalen Seins ist der Algorithmus. Algorithmen sind dynamisch, zunehmend selbstlernend, unberechenbar und damit unbeherrschbar. Nicht nur aufgrund der exponentiell steigenden Rechenleistung, sondern vor allem durch optimierte Lernmethoden lösen Algorithmen immer anspruchsvollere Aufgabenstellungen selbständig und treiben mit der Mechatronik die Entwicklung virtueller Realitäten voran. Die Erweiterung der realen Welt (*augmented reality*) um virtuelle Aspekte führt zu einer *mixed reality*. Zum Erleben virtueller Realität (*virtual reality*) bedarf es zusätzlicher Hardwarekomponenten wie Displayheadset, Headphone, bewegliche Böden und Sensor-Datenhandschuhe. Die Algorithmen basierte computergenerierte Simulation eröffnet dem Menschen ein virtuelles Metaversum. Selbst als konservativ geltende Branchen wie die Bauwirtschaft bedienen sich der Nutzung dieses Metaversums, um geplante Bauvorhaben in existierende Grundstücke einzufügen und die Planungen somit äußerst immersiv zu visualisieren.

Taucht der Mensch in eine virtuelle Welt ein, führen illusorische Stimuli zu einem Erlebnis, in dem die virtuelle Situation paradoxerweise real erscheint. Wenn der User die virtuelle Welt nicht nur passiv erlebt, sondern Interaktionen ermöglicht werden, steigt der Grad bzw. die Intensität des virtuellen Eintauchens und damit auch das Präsenzempfinden. Das abwechselnde Eintauchen in virtuelle Welten und die darauffolgende zwangsläufige Rückkehr in die analoge Wirklichkeit führt nicht nur zu bislang unerforschten psychischen und körperlichen Belastungen, sondern auch zu moralischen Herausforderungen. Wie kann ein Mensch, der in virtuellen Welten ohne reale Konsequenzen handelt, sein Verhalten in der analogen Welt regulieren? Wenn der Mensch virtuell alle Tabus bricht, woran orientiert er sich dann in der realen Welt? Vermag er in einer Onlife-Lebensweise, in der sich die Grenze von analogem Offline- und virtuellem Online-Handeln verflüchtigt, überhaupt noch zwischen virtueller und realer Handlung zu unterscheiden?

Die Halbwertzeit von visionärer Science-Fiction wird immer kürzer

Es gibt eine Fülle kultureller Vordeutungen, die mit einem mahnenden und warnenden Impetus dystopische Szenarien entwarfen. Auch wurden bereits zahlreiche Wissenschaftler oder Erfinder durch die Visionen der Autoren zur Entwicklung realer Innovationen inspiriert. Die meisten Dystopien wurden jedoch glücklicherweise nicht zu Realitäten. Waren diese Autoren weniger visionär als ihre hellseherisch erfolgreicheren Kollegen? Der Science-Fiction-Autor Ray Bradbury (1920–2012), vor allem bekannt geworden durch sein Kultbuch *Fahrenheit 451*, wurde einst von einem Fan gefragt, warum er die Zukunft immer so finster darstellen würde und ob das bedeuten würde, die Menschheit sei verdammt. Bradbury antwortete: »Nein.

Ich beschreibe die Zukunft auf diese Weise, damit Sie wissen, wie sie zu vermeiden ist« (DeGrasse-Tyson 2023, 39).

Es erscheint naheliegend, anzunehmen, hier von Bradbury eine universelle Motivation dargelegt bekommen zu haben, die die allermeisten Autoren des Science-Fiction-Genres einen dürfte. Den Schriftstellern ist demnach also nicht nur eine überbordende Vorstellungskraft gemeinsam, sondern auch ein tief empfundenes Verantwortungsgefühl, durch das sie sich gezwungen sehen, warnende und mahnende Parabeln zu verfassen. Diese unerwünschten und ›unwünschbaren‹ Zukunftsvisionen gilt es durch umsichtiges Verhalten im Hier und Jetzt zu vermeiden. Fatalerweise wurden die zahlreichen Werke des Genres – darunter auch einige bis heute hoch relevante Klassiker – als phantastische, bisweilen triviale Unterhaltung abgetan und ihr Potenzial als Warnung weithin übersehen und ignoriert. In vielen Fällen wurden im Nachhinein jedoch zumindest Teile der Geschichte zur Realität, weshalb es an sich schon schwierig erscheint, die Werke des Genres in ihrer Qualität als gesellschaftliches wie technologisches Barometer komplett zu missachten. Auffällig ist auch, wie sehr sich die Halbwertzeit zwischen der Idee eines Genre-Autors und der tatsächlichen Umsetzung als technische Innovation verringert – was freilich großteils durch die allgemein rasant beschleunigte Fortschrittsrate erklärbar erscheint. Doch Vorsicht: Die Dynamik der Entwicklungen macht es bisweilen schwer, mit ausreichender Planung und Reflexion auf die mannigfachen kulturellen Vorwegnahmen zu reagieren.

Ein vielleicht weniger bekanntes, aber dafür umso eindrucksvolleres Beispiel ist der wahrscheinlich erste Science-Fiction-Roman der Welt, *Somnium* von 1608. Hier beschrieb niemand Geringeres als der berühmte Astronom und Physiker Johannes Kepler eine Reise zum Mond. Es sollte mehr als dreieinhalb Jahrhunderte dauern, bis die Vision der Mondlandung schließlich Realität wurde. Im Science-Fiction-Epos *2001: A Space Odyssey* des Jahrhundert-Regisseurs Stanley

Kubrick wurden indes noch ein Jahr vor der Mondlandung zahlreiche heutzutage selbstverständliche Technologien vorweggenommen, von Spracherkennungssoftware bis zu Tablet-artigen, handlichen Bildschirm-Computern. Ebenfalls 1968 publizierte der Science-Fiction-Autor Philip K. Dick mit *We can remember it for you wholesale* (dt. Titel: *Erinnerungen en gros*) nicht nur die Vorlage für zwei fulminante Verfilmungen (*Total Recall*, 1990/2012), sondern nahm die sich bald darauf etablierende Entwicklung von *brain computer interfaces* (Gehirn-Computer-Schnittstellen) im Fiktionalen vorweg. Wenige Jahre später, im Jahr 1973, formulierte der Informatikprofessor Jacques Vidal die sogenannte »BMI Challenge« (*brain machine interface challenge*), die er 1977 selbst bewältigte. Moderne Exoskelette wurden hingegen von einem ikonischen Comic-Helden inspiriert – Iron Man aus dem Jahr 1963. Hier war die Halbwertzeit zwischen erster Vision und erstmaliger Umsetzung deutlich länger.

Allgemein muss jedoch konstatiert werden, dass der zeitliche Abstand zwischen den Visionen der Science-Fiction-Autoren und der tatsächlichen Umsetzung mittlerweile tendenziell immer kürzer wird. Dieser Umstand fordert nicht nur die Ingenieure und Entwickler heraus, die immer schneller zu Ergebnissen kommen müssen, um wettbewerbsfähig zu sein, sondern vor allem auch die Gesellschaft. Es erscheint herausfordernd, den intellektuellen Sprung nachzuvollziehen, wie aus einer Vision oder einem bekannten Science-Fiction-Motiv plötzlich eine reale Technologie wird.

Insbesondere für die Politik und die Gesetzgebung stellen sich durch die spürbare Beschleunigung der Entwicklungsdynamik immer größere Herausforderungen. Gesetzliche Regulierungen kommen entweder erst Jahre nach Einführung von innovativen Technologien oder werden gar nicht angegangen. So ist der »EU AI Act« der weltweit erste Versuch, den Einsatz von künstlicher Intelligenz durch gesetzliche Normen zu regulieren. Naturgemäß fallen einige der Gesetzestexte reichlich abstrakt und allgemein aus, um bestimmte noch nicht absehbare Entwicklungen inkludieren zu können. Andere Regulierungen erscheinen zu restriktiv oder gar innovationsfeindlich. Es ist aber von eminenter Wichtigkeit, überhaupt einen solchen Gesetzesentwurf anzugehen.

Tatsächlich dürfen wir davon ausgehen, dass sich das Momentum rund um künstliche Intelligenz eher noch beschleunigt – und damit auch die Veränderungen in noch schnellerer Taktung erfolgen werden. Es könnte daher sogar erforderlich werden, diese Transformationen mit Hilfe der ihnen zugrunde liegenden Technologien zu regulieren und zu steuern. Mit anderen Worten: Wir könnten KI dazu nutzen, gesetzliche Regelungen zum Einsatz von KI zu entwickeln. Hierin liegt jedoch eine zyklische Gefahr begründet. Daher müsste sichergestellt werden, dass KI immer im Sinne der vom Menschen angestrebten Gerechtigkeit agiert – und nicht beginnt, den eigenen Vorteil in den Blick zu nehmen. Letzteres setzt weder eigene Motivationen noch Bewusstsein voraus; stattdessen könnte die menschengemachte Programmierung die KI dazu bringen, die Erreichung der eingegebenen Systemziele zu priorisieren.

Es erscheint bisweilen unmöglich, sämtliche unerwünschten Kollateraleffekte und Technikfolgen konkret und umfassend abzuschätzen. Dennoch kann ein Moratorium, also ein zeitlich begrenzter Entwicklungsstopp (wie beispielsweise im Sommer 2023 von Elon Musk und anderen eingefordert) nicht die Lösung sein. Zum einen würde ein solches Moratorium absehbar nicht von allen Parteien eingehalten werden. Unvorstellbar, wie groß beispielsweise der Vorsprung Chinas wäre, nachdem die USA, wie angedacht, für ein halbes Jahr aus der Entwicklung ausgestiegen wären. Zum anderen negiert ein Moratorium auch die Myriaden von positiven Anwendungen. Mit anderen Worten: Es erscheint kontraintuitiv, eine Forschungsrichtung zu unterbrechen, der das Potenzial innewohnt, Milliarden von Menschen zu besserer Gesundheit, einer gesteigerten Lebensqualität oder einfach einem größeren Grad an Teilhabe zu verhelfen.

Allein die unermesslich umfangreichen positiven Anwendungsmöglichkeiten von KI, von medizinischen Innovation zu Problemlösungsstrategien in der Klimakrise bis hin zu wissenschaftlichen Durchbrüchen, rechtfertigen bereits ihre konsequente Weiterentwicklung. Freilich bedeutet das nicht, ihre möglichen Schattenseiten zu ignorieren. Vielmehr muss das Ziel darin liegen, sämtliche unerwünschten Anwendungen und Potenziale zu identifizieren, um sie dann möglichst sicher ausschließen zu können. Darin liegt die wahre Mammutaufgabe der Menschheit: nicht auf ihr potentestes Werkzeug zu verzichten, weil es Gefahren birgt, die vor allem in den Dunkelzonen der menschlichen Natur begründet liegen, sondern die eigenen Schattenseiten zu überwinden. Nur dadurch kann diese hochpotente Technologie wahrhaft erblühen und ein KI-Einsatz zum Wohle aller erfolgen.

Sinn und Zweck dieses Buches

Obgleich künstliche Intelligenz seit über 70 Jahren immer wieder einen zyklischen Hype erfährt, ranken sich nach wie vor Mythen um das Thema.

Angesichts der aktuellen Ambivalenzen müssen wir uns damit anfreunden, absolute Wahrheiten zugunsten von multiplen, einander gegenseitig ausschließenden Wahrscheinlichkeiten aufgeben zu müssen. Doch egal wie hoch die Trefferquote dieser statistischen Schätzungen auch sein mag – es bleiben Zahlenspielereien. Erfolgversprechender erscheint es daher, Zusammenhänge faktenbasiert und fundiert zu durchleuchten und dadurch in die Lage versetzt zu werden, im Einzelfall abwägen zu können, was in den Bereich des Mythologischen gehört und wo die Wahrheit anzusiedeln ist. Die hierfür notwendigen theoretischen Grundlagen sind genauso wichtig wie weiterentwickelte Fähigkeiten des kritischen Denkens. Zu beidem möchte dieses Buch zugleich Anstoß und Anleitung sein.

Darüber hinaus soll dieses Buch ein Leitfaden sowie Ratgeber sein, um mit all den in der Einleitung beschriebenen Einordnungsschwierigkeiten umzugehen und eine größere digitale Kompetenz zu entwickeln. Zugleich sollen Vorurteile und mythologische Vorstellungen gegenüber den neuen Technologien und ihrer Nutzung abgebaut und durch Wissen ersetzt werden. Zu guter Letzt möchte dieses Buch seine Leserschaft dazu animieren, optimistisch und aktiv mit den digitalen Herausforderungen der Gegenwart und Zukunft umzugehen, um die sich in rascher Transformation begriffene Welt in positiver Art und Weise mitgestalten zu können.

1. Gebot:
Du sollst nicht glauben, das Gehirn sei ein Computer

Im April 2023 wurde ein neuer *Star Wars*-Trailer veröffentlicht. Schon kurz danach war der kurze Clip bereits viral, denn er verfügte über gleich zwei Alleinstellungsmerkmale. Zum einen entsprach die Ästhetik des Trailers dem poetisch-surrealen Stil des populären Regisseurs Wes Anderson, zum anderen war aber weder Anderson noch ein anderer Mensch die kreative Triebfeder hinter dem Produkt. Der Trailer war vielmehr das beeindruckende Ergebnis von generativen KI-Systemen.

Beispiele wie dieses stellen nicht nur die künstlerische Einzigartigkeit des Menschen (in diesem Fall von Regisseur Wes Anderson) in Frage, sondern rücken das Gehirn in die Nähe des Computers – und umgekehrt. Im Zeitalter der künstlichen Intelligenz wachsen wir immer mehr in ein vollkommen mechanistisches Weltbild hinein, in dem nicht nur kein Platz für Metaphysik ist, sondern alle menschlichen Regungen und Leidenschaften, von der Kunst bis zur Liebe, mit physikalisch-biologischen Methoden erklärt werden sollen. Der Physikalismus, genauer gesagt der tonangebende reduktive Materialismus, scheint bisweilen tatsächlich in der Lage zu sein, alles Relevante über die Natur, das Leben und letztlich uns Menschen in messbaren Daten darzustellen. Und weil eine zunehmende Anzahl von Aspekten des menschlichen Lebens in Daten repräsentiert werden kann, wirkt es so, als ob diese mechanistische Sichtweise laufend bestätigt wird. Denn nicht nur im menschlichen Körper, sondern auch in unserem Gehirn wimmelt es nur so von Daten, die darauf warten, ausgelesen zu werden.

1. Gebot: Du sollst nicht glauben, das Gehirn sei ein Computer

Kognition ist *Denken*, *Denken* ist *Gehirnaktivität*, *Gehirnaktivität* ist entweder *elektrisch* oder *metabolisch*, und beide Formen von Aktivität können *gemessen* werden. Nach dieser Gleichung müsste man schlussendlich auch die Kognition messen und die mit ihr korrelierenden Inhalte auslesen können. Doch diese Gleichung scheint inhärente Grenzen zu haben, da weder Bewusstsein noch subjektive Erfahrung mit technologischen Methoden erfasst werden können. Diese letzten Grenzen können auch von *brain computer interfaces* à »Neuralink« nicht überwunden werden. Daher stellt sich die Frage, ob in der Gleichsetzung oder zumindest der behaupteten Vergleichbarkeit von Gehirn und Computer nicht doch eine sträfliche Reduktion des Menschen (und zugleich eine unangemessene Überhöhung des Computers) stattfindet. Religiöse Menschen früherer Zeiten sprachen hier von einer Herabsetzung des Menschengeschlechts. Auf der anderen Seite basieren mehr oder weniger alle fundamentalen ›Plot Twists‹ der Wissenschaftsgeschichte, alle unseren überraschenden Wendungen und Entdeckungen auf solchen Umkehrungen des wissenschaftlichen Status quo. So dreht sich die Sonne nicht um die Erde, sondern umgekehrt. Der Mensch ist nicht diametraler Gegenpart zum Tierreich, sondern nur ein besonders hochentwickelter Teil davon. Und Edelmut wie Niedertracht eines Individuums scheinen nicht alleine auf beeinflussbaren Tugenden zu beruhen, sondern auf einer komplizierten Gemengelage aus Genetik, Epigenetik und biologischen Faktoren wie der Hirnchemie. In diesem Lichte verdient die These, Gehirn und Computer seien praktisch dasselbe – wenn man vom zugrundeliegenden Substrat einmal absieht – einen zweiten, vertieften Blick. Schauen wir uns also noch einmal *Star Wars* an. Diesmal keine KI-generierte Fan Fiction, sondern das Original.

> » Well, if droids *could* think, there'd be none of us here, would there?
> Obi-Wan Kenobi

Dieses Zitat aus dem allerersten *Star Wars* Film aus dem Jahr 1977 unterstreicht eindrucksvoll die Grundangst des Menschen vor Verdrängung und Ersetzung durch seine stärksten selbstgeschaffenen Konkurrenten – humanoide Roboter. Zugleich manifestiert sich in der Aussage des Jedi-Meisters Obi-Wan Kenobi die unumstößliche Annahme der Überlegenheit des menschlichen Geistes bzw. Gehirns. Denn Roboter (und somit auch künstliche Intelligenzen) können eben nicht so denken, wie der Mensch es vermag: kritisch, intuitiv, selbstwirksam. Hier gehen also zwei Aspekte von künstlicher Kognition eine seltsame Melange ein; zum einen die Angst vor ihrer Selbstermächtigung und zum anderen die Überzeugung von der eigenen Überlegenheit. Die Angst wird dabei verdrängt durch die Affirmation der erhabenen Fähigkeiten des Menschen. Das bekannte Zitat des Jedis ließe sich also folgendermaßen umformulieren, ohne dadurch einen verfremdeten Sinn zu erhalten:

Nur Menschen können wirklich und in vollem Umfang denken – doch wenn Roboter es uns gleichtun könnten, wären wir bereits Geschichte.

Doch ist diese Deutung wirklich faktenbasiert, oder entspringt sie eher einem spezifischen Vorurteil unserer Spezies, mit dem sich die Menschheit zu gleichen Teilen als naiv und überheblich offenbaren würde?

Die IP-Metapher – nur eine Metapher?

Es ist vor allem die sogenannte IP-Metapher, die für die diametrale Gegenposition verantwortlich ist. Gemäß dieser Deutung wird die Vorstellung unterstützt, das Gehirn sei im Grunde nichts anderes als ein biologischer Computer – ein Umstand, der explizit durch die Methode des *reverse engineerings*, also des Nachbauens des Gehirns befeuert wird. Als ein möglicher Weg zu echter/starker KI hat sich diese Methode insbesondere im Kontext der neuronalen Netzwerke bewährt. Auch *Large Language Models* (LLMs) wie »OpenAIs« »ChatGPT« oder Microsofts »Bard« sind stark inspiriert vom natürlichen Vorbild, dem Menschen. Hier bezieht sich die Simulation jedoch weniger auf das Gehirn, sondern spezifischer auf unsere Sprache. Andererseits sind dem *reverse engineering* jedoch auch klare Grenzen gesetzt. Menschliche Intelligenz wird auf sehr vielen Ebenen wirksam und kann daher schlechterdings nicht so einfach repliziert werden. Typisch menschlichen Fähigkeiten und Besonderheiten wie Intuition, Inspiration, Motivation oder Ambition fehlt in der Maschinenintelligenz jegliche Entsprechung. Dies liegt höchstwahrscheinlich daran, dass sich diese Aspekte im Menschen durch evolutionären Optimierungsdruck entwickelt haben, während sie bei der Maschine einprogrammiert werden müssten und eben keinem aus sich selbst begründeten Zweck folgen.

Obgleich jedes einzelne menschliche Gehirn eine individuelle Architektur aufweist (Jähnke 2017), wird bis heute versucht, die universellen Gemeinsamkeiten zu untersuchen und daraus Regelhaftigkeiten abzuleiten. Überdauerndes Beispiel ist hier das der lokalisierbaren funktionellen Hirnareale. Einer der ersten Neurowissenschaftler, Paul Broca, war zugleich ein Vorreiter der Lokalisation von Hirnfunktionen, deren Identifizierung letztlich in den berühmten funktionalen Hirnarealen der Zytoarchitekten mündete:

> » Es gibt im menschlichen Geist eine Gruppe von Fähigkeiten und im Gehirn eine Gruppe von Windungen, und die Fakten, die von der Wissenschaft bis jetzt zusammengetragen wurden, erlauben es, wie ich schon sagte, zu behaupten, dass die großen Regionen des Geistes den großen Regionen des Gehirns entsprechen. (Tesak 2001)

Die Vorstellung, bestimmte Gehirnfunktionen seien in bestimmte Hirnregionen eingebettet und realisiert, besteht schon seit fast zwei Jahrhunderten. Das Aufkommen der Lokalisationsperspektive erfolgte gleichzeitig mit dem Aufkommen der modernen Neurologie selbst, und es war hier sicherlich auch eine Art Goldgräberstimmung am Werk. Die Entdeckung scheinbar strikt lokalisierbarer Gehirnfunktionen war schließlich ein früher Erfolg, der die Ambitionen der ersten Neurologen nährte. Obwohl viele der Konsequenzen der Lokalisationsperspektive nicht nur kontraintuitiv im Hinblick auf die Ergebnisse der modernen Forschung, sondern auch in krassem Widerspruch zu den unvergleichlichen Fähigkeiten des Gehirns, vor allem seiner ungeheuren Plastizität steht, entspricht dieser Ansatz nach wie vor der allgemeinen Lehrmeinung und gilt als Standardtheorie. Dies kann zumindest teilweise auf die lange Tradition dieses Ansatzes zurückgeführt werden.

Der bekannte Fall von Phineas Gage ist ein vielzitiertes Beispiel, der bis zum heutigen Tag zur Unterstützung des lokalisierungstheoretischen Ansatzes herangezogen wird. Phineas P. Gage (1823–1860) war ein amerikanischer Vorarbeiter im Eisenbahnbau, der wie durch ein Wunder einen Unfall überlebte, bei dem ihm eine große Eisenstange vollständig durch seinen Schädel getrieben wurde. Dabei wurde nicht nur ein großer Teil von Gages linkem Frontallappen zerstört, sondern auch das, was man wohl unter seiner ›Kernpersönlichkeit‹ verstand. Nach dem Unfall waren sowohl die Persönlichkeit als auch das Verhalten des verletzten Eisenbahnarbeiters grundlegend verändert, und in den verbleibenden 12 Jahren seines Lebens waren diese Auswirkungen so tiefgreifend, dass Freunde ihn (zumindest vorübergehend) »nicht mehr als Gage« sahen. Der einst zuverlässige und ruhige Mann hatte sein Temperament verändert; der ›neue Gage‹ hatte sich in einen Spieler mit hohem Aggressionspotenzial und antisozialen Tendenzen entwickelt. Für Generationen von Neurowissenschaftlern, Psychologen und Philosophen diente der Fall von Phineas Gage als Beweis für die deterministischen, sogar konstruktivistischen Eigenschaften der grauen Substanz in unserer Schädelkapsel.

Gages verstörende Persönlichkeitsveränderungen wurden auf die Zerstörung des betroffenen Hirnbereichs zurückgeführt. Immerhin hatte Gage einen großen Teil seines linken Frontallappens verloren, und die Veränderungen in seiner Persönlichkeit wurden als direkt kausale Folge seines Unfalls betrachtet; in gewisser Weise schien Gages alte Persönlichkeit zusammen mit seinem Frontallappen aus dem Schädel gesprengt worden zu sein. Andererseits wurde die Tatsache, dass Gage wieder einen relativ normalen Geisteszustand wiedererlangte – obwohl er von Wutanfällen geplagt war und zu einem jähzornigen Mann geworden war – als Zeichen für die enorme Plastizität des Gehirns und sogar als Gegenargument für die Lokalisierungsperspektive angeführt. In der Tat wurde Gages Schicksal in beide Richtungen interpretiert, wenn auch mit einem viel stärkeren Fokus auf die Lokalisierungsperspektive. Lange Zeit beeinflusste Phineas Gage den Diskurs über den Geist und das Gehirn wie nur wenige andere kasuistische Fälle. Im Besonderen befeuerte Gages Fall die Debatte über die funktionelle Lokalisierung im Gehirn, da er (vielleicht) der erste Fall war, der die Rolle des Gehirns bei der Bestimmung der Persönlichkeit zu belegen schien.

Als berüchtigter Wiedergänger in den Lehrplänen der Neurologie, Psychologie und Neurowissenschaften erlangte Phineas Gage zweifelhaften Ruhm als eine der »größten medizinischen Kuriositäten aller Zeiten« (Macmillan 2004, 183) Als lebendes Exponat, das in einem Museum ausgestellt wurde, war Gage in der Tat »ein lebender Teil der medizinischen Folklore« (Ratiu et al. 2004, 637). Gage wurde häufig in Büchern und wissenschaftlichen Abhandlungen erwähnt und hielt sogar Einzug in die Populärkultur. Trotz seiner postmortalen Berühmtheit wissen wir nur wenig über Gages tatsächliche Veränderungen, was weit verbreitete theoretische Fehlinterpretationen und sogar absichtlichen Missbrauch seines Falles ermöglichte (Macmillan 2000). Historisch gesehen sind die veröffentlichten Berichte über Gage (einschließlich den wissenschaftlichen) als zwiespältig und kontrovers zu betrachten; in den meisten Darstellungen wurden seine Verhaltensänderungen stark übertrieben und verzerrt dargestellt. Ein Bericht über Gages körperliche und geistige Verfassung kurz vor seinem Tod deutet darauf hin, dass seine schwersten mentalen Veränderungen eher vorübergehend als dauerhaft waren. So sei Gage in seinem späteren Leben weitaus funktionsfähiger gewesen und auch zugleich auch sozial viel besser angepasst als in den Jahren unmittelbar nach seinem Unfall.

Ein geradezu diametral entgegenstehendes Beispiel aus der jüngeren Vergangenheit bietet der US-amerikanische Schauspieler Gary Busey, der nach einem Motorradunfall eine schwere Kopfverletzung erlitten hatte und daraufhin charakterlich spürbar verändert erschien. Im Gegensatz zu Phineas Gage wurde der drogenaffine Schauspieler und Lebemann durch die erlebte Nahtoderfahrung nach dem Unfall und seiner temporären Hirnschädigung offenbar zu einem besseren, geläuterten Menschen. Eher anekdotische Beispiele zeigen, wie nach einem Sturz auf den Kopf aus durchschnittlich begabten Menschen plötzlich mathematische Genies werden können. Gleiches ist keinesfalls Weise von Computern zu erwarten. Fallen diese herunter, steht ein Totalausfall aller Leistungsfähigkeit zu befürchten, keinesfalls jedoch ein irgendwie gearteter Zugewinn. Das menschliche Gehirn ist aber aufgrund seiner enormen und immer noch weitestgehend unerforschten Plastizität zu negativen wie positiven Überraschungen in der Lage. Besonders prekär ist dabei die mangelnde Voraussehbarkeit der Konsequenzen einer physiologischen Veränderung der Hirnarchitektur. Sowohl bei Phineas Gage als auch bei Gary Busey muss von fundamentalen Adaptionen ausgegangen werden, in beiden Fällen wurden bestimmte synaptische Verbindungen für immer zerstört, während Neue gebildet wurden. Dies geschieht aber offenbar auf eine – zumindest noch nicht – nachvollziehbare und regelhafte Weise. Mit anderen Worten: Auch, wenn wir zurzeit weder vorhersehen noch aus der Rückschau eindeutig rekonstruieren können, wie sich bestimmte hirnphysiologische Veränderungen auf das Gesamtsystem auswirken werden, bedeutet dies nicht, dass es nicht prinzipiell möglich wäre. Es bedeutet allerdings auch, dass wir aktuell und in der absehbaren Zukunft noch nicht genug über das menschliche Gehirn und seine spezifischen Adaptionsprozesse wissen, um diese Vorgänge verstehen zu können.

Das Gehirn ist kein Computer – es ist besser

Es bleibt festzuhalten, dass es sich beim menschlichen Gehirn um ein höchst fragiles, kompliziertes Organ handelt, dem ein hohes Maß an Unvorhersehbarkeit innewohnt. Dies ist aber nur zum Teil der ungeheuren Plastizität des Gehirns geschuldet; sicherlich hat auch die mittlerweile nachgewiesene Tatsache der bei jedem Individuum einzigartigen Hirnarchitektur damit zu tun. Denn wie der Fingerabdruck scheint auch die anatomische Struktur des individuellen Gehirns einzigartig zu sein; es gibt keine zwei identischen Gehirnarchitekturen auf der ganzen Welt. Lutz Jäncke, UZH-Professor für Neuropsychologie, konnte in früheren Studien bereits zeigen, dass individuelle Erfahrungen und Lebensumstände die Anatomie des Gehirns beeinflussen (Valizadeh et al. 2018).

Professionelle Musiker, Golfer oder Schachspieler zum Beispiel weisen besondere Merkmale in den Hirnregionen auf, die sie für ihre Tätigkeit am meisten nutzen. Aber auch Ereignisse von kürzerer Dauer können Spuren im Gehirn hinterlassen: Wird beispielsweise der rechte Arm zwei Wochen lang stillgehalten, verringert sich die Dicke der Hirnrinde in den Bereichen, die für die Kontrolle des stillgelegten Arms zuständig sind. Jäncke und sein Forscherteam untersuchten über einen Zeitraum von zwei Jahren dreimal die Gehirne von fast 200 gesunden älteren Menschen mittels Magnetresonanztomographie. Dabei wurden über 450 anatomische Merkmale des Gehirns untersucht, darunter sehr allgemeine wie das Gesamtvolumen des Gehirns, die Dicke der Hirnrinde und das Volumen der grauen und weißen Substanz. Für jede der 191 Personen konnten die Forscher eine individuelle Kombination spezifischer hirnanatomischer Merkmale ermitteln, wobei die Erkennungsgenauigkeit selbst bei den sehr allgemeinen hirnanatomischen Merkmalen bei über 90 % lag. Auch wenn diese Studie keinen direkten Beweis dafür liefert, dass verschiedene Systeme dieselben Reize unterschiedlich wahrnehmen, so bietet sie doch eine neurologisch plausible Grundlage für die weitere Untersuchung dieser Annahme.

Im Gegensatz dazu bieten Computer ein ganz anderes Maß an Vorhersehbarkeit, da sie eben als spezifische Modelle oder Versionen von vorangegangenen Modellen über exakt die gleiche Bauweise verfügen (sofern sie der gleichen Generation entstammen). Daher funktioniert unsere biologische Intelligenz so grundlegend anders als ihr maschinelles Pendant. Natürlich ist das Gehirn auch noch lange kein Computer, nur weil beide Systeme mit Elektrizität und komplexen Schaltkreisen (im Falle des Gehirns mit neuronalen Netzen) funktionieren. Der naheliegendste Grund für das Überdauern dieser sogenannten IP-Metapher, nach der das Gehirn eben doch nichts als ein biologischer Computer sein soll, scheint dabei verrückterweise ein Historischer zu sein. Die Menschheit neigt seit jeher dazu, ihr eigenes Gehirn mit den bestimmenden zeitgenössischen Technologien zu vergleichen. Dieser Logik folgend war das Gehirn schon in allen möglichen Technologien inkarniert. In der Antike entsprach das Hirn einer Steinschleuder, die Gedanken in die Welt schleuderte, während zu Zeiten der ersten Dampfmaschinen unser Denkapparat mit genau einer solchen gleichgesetzt wurde. Und im modernen Informationszeitalter wird das Gehirn dann eben zum Computer. Die Frage verbleibt, was nach der IP-Metapher kommt. Das Gehirn als Nanobot? Als Cloud? Gar als durchs All fliegende Von-Neumann-Probe? Oder wird unser Gehirn auf planetarische Dimensionen hochgestuft, indem es zur Dyson-Sphäre (und damit zum gigantischen Supercomputer) wird?

1. Gebot: Du sollst nicht glauben, das Gehirn sei ein Computer

All diese Metaphorisierungen haben letztlich folkloristische Züge und führen uns eher von der Wahrheit weg. Gehirn und Computer sind nicht nur aufgrund der Unterschiede ihres Substrats (biologisch vs. künstlich) diametral entgegenstehend. Letzten Endes hat das menschliche Gehirn den Computer erfunden, wodurch das Verhältnis klar definiert wird:

Kreator (Gehirn) zu Kreation (Computer)

Doch auch wenn dieses Verhältnis angesichts generativer KI und anderer vermeintlich kreativer Technologien zunehmend als verschwimmend wahrgenommen werden mag, bestehen zahlreiche faktische und überdauernde Differenzen. So funktionieren Gehirn und Computer tatsächlich nicht nur vollkommen unterschiedlich, sondern unterscheiden sich auch drastisch hinsichtlich Energieaufwand und etwaiger ›Reparatur‹. Während die leistungsfähigsten Supercomputer den Energieverbrauch einer ganzen Kleinstadt aufweisen, ohne dabei die komplexen Leistungen des menschlichen Gehirns replizieren zu können, bewältigt das biologische Original seine tagtäglichen Mammutaufgaben mit dem Äquivalent einer Glühbirne (Mainzer 2020). Ein menschliches Gehirn per Operation zu ›reparieren‹, ist im Vergleich zu einem ›Eingriff‹ am Computer jedoch mit unvergleichbar höheren Risiken verbunden. Aber die einfachste und basalste Unterscheidung zwischen Hirn und Elektronenhirn, die auch intuitiv sofort zu überzeugen vermag, liegt schlicht in der Tatsache der menschlichen Emotionalität begründet. So etwas ist einer Maschine völlig fremd – und wird es wohl auch bleiben. Unser Gefühlsleben und unser Bewusstsein unterscheiden uns fundamental von jeder Technologie.

Recap des 1. Gebots

Du sollst nicht glauben, das Gehirn sei ein Computer.

- Das Gehirn entstand als adaptives Produkt der Evolution, Computer lediglich als Nebenprodukt der menschlichen Weiterentwicklung. Dementsprechend sind Computer lediglich Apparaturen, Werkzeuge, die der Mensch zu seiner Unterstützung geschaffen hat.
- Auch wenn die größten und fortschrittlichsten neuronalen Netzwerke beeindruckende Nachbauten oder eher gesagt *reverse-engineering*-Versuche ihres natürlichen Vorbilds darstellen, erreichen sie in den seltensten Fällen dessen Komplexität.
- Im Gegensatz zum Computer weist jedes menschliche Gehirn eine einzigartige Architektur auf. Aufgrund der dadurch entstehenden physiologischen, psychologischen und epigenetischen Varianz reagiert auch jedes Gehirn anders auf äußere Stimuli und systemimmanente Veränderungen.
- Diese Unvorhersehbarkeit ist die Ursache für unsere menschliche Subjektivität und konstituiert zugleich eine für Maschinen niemals erreichbare Qualität der Kontingenz. Die enorme Plastizität unseres Gehirns und die kontingenten Bedingungen, unter denen Subjektivität entsteht, bleiben für künstliche Intelligenzen glücklicherweise dauerhaft unerreichbar. Daher erscheint es zweifelhaft, ob selbst eine künstliche Superintelligenz jemals alle Potenziale menschlicher Kognition replizieren kann.

2. Gebot:
Du sollst nicht glauben, KI sei wirklich kreativ

In einem alternativen Universum wurde künstliche Intelligenz bereits in den 1980er Jahren bis zur intellektuellen Parität mit der Menschheit entwickelt. In Schweden, dem Handlungsort der Serie, leben Menschen in friedlicher Symbiose mit Robotern, den sogenannten »HuBots«. Die »HuBots« sind eine Kaste willfähriger Sklaven, die das Leben der Menschen in fast allen Bereichen erleichtern und ihre Arbeit unterstützen. So gibt es »HuBots«, die sich als persönliche Assistenten, Liebhaber oder CrossFit-Trainer verdingen. Alles läuft gut, bis eine kleine Gruppe der »HuBots« eigene Entscheidungen treffen kann und somit freien Willen erlangt hat. Diese Roboter haben sich dafür entschieden, frei zu leben – also ohne einen Besitzer, was jedoch illegal ist.

Im Verlauf der Handlung stellt sich heraus, dass Leo, der Anführer der »HuBots«, in Wahrheit gar kein reiner Roboter, sondern ein Cyborg ist. Sein Vater hatte ihn kreiert, nachdem er fast ertrunken wäre. Auch Teile seines geschädigten Gehirns wurden durch Hardware ersetzt. Leos Mutter Bea war jedoch nicht mehr rettbar, wurde aber als »HuBot« »Novak« wieder zum Leben erweckt. Es stellt sich heraus, dass die freien »HuBots« nicht das Produkt einer spontanen Weiterentwicklung der Roboter sind, sondern durch Leos Vater mit einer fortschrittlichen kognitiven Architektur versehen wurden, die die neuen Freiheitsgrade nur bei diesen Modellen ermöglichte.

(Filmbeispiel *Real Humans*, TV-Serie von Lars Lundström, Schweden 2012–2014)

2. Gebot: Du sollst nicht glauben, KI sei wirklich kreativ

Die Revolution rund um generative KI-Systeme wie »OpenAIs« »ChatGPT3« oder »Dall-E« (Bilderstellungsprogramm), »Midjourney« (erschafft KI-Kunst) oder »Googles« Chatbots »Bard« und »Gemini« hat eine erbitterte Debatte rund um eine drohende Obsoleszenz oder gar Ersetzung des Menschen losgetreten. Vor allem Arbeitnehmer der diversen Kreativbranchen, wie z. B. Werbetexter, Illustratoren oder generell Künstler fürchten um ihre Relevanz und sehen sich bedroht durch generative Formen von KI, kurz und hip »GenAI« genannt, die augenscheinlich dazu in der Lage sind, menschenähnliche Kreativleistungen in einem Bruchteil der Zeit zu produzieren. Damit nicht genug, werden die Bildgeneratoren niemals müde, sondern spucken so lange Ergebnisse aus, wie der Mensch die dazu erforderlichen Prompts eingibt. Scheinbar sind Bild-, Text-, und Videogeneratoren also nimmermüde und dauerhaft inspirierte Kreatoren, mit denen kein menschlicher Künstler mehr mithalten kann. Doch nicht nur dieser Umstand allein befeuert die Ängste vor dem Überflüssigwerden des Menschen; auch die rasante Zeit, in der diese Erzeugnisse entstehen, trägt zur um sich greifenden Furcht vor der Bedrohung durch Obsoleszenz bei. Die sich hier abzeichnende Produktivitätssteigerung ist tatsächlich unwahrscheinlich hoch, geradezu unerhört – und jagt dabei nicht nur den weniger kreativen Arbeitnehmern Schauer über den Rücken. Doch handelt es sich bei dieser Entwicklung bei Licht besehen wirklich um die fundamentale Innovation, für die sie alle Welt hält?

Bereits Mitte der 1960er Jahre erstaunte der erste Chatbot der Welt, ein Programm namens »ELIZA«, die Fachwelt und verwunderte die Laien. Als kybernetische Simulation eines Psychotherapeuten erschienen Elizas Einlassungen realistisch genug, um von Patienten und anderen Probenutzern mit den Ratschlägen eines realen Psychiaters verwechselt zu werden. Was bedeutet dies nun für die Wahrhaftigkeit der Psychotherapie, was für die zeitgenössische Verwirrung rund um generative KI-Werkzeuge wie »ChatGPT«? Haben wir aktuell nur einen vorübergehenden Höhepunkt eines weiteren,

2. Gebot: Du sollst nicht glauben, KI sei wirklich kreativ

vorübergehenden Hype-Zyklus erreicht? Oder sind wir in eine Phase des Fortschritts eingetreten, die sich von den vorangegangenen Blasen grundlegend unterscheidet, eben indem sich die Fortschrittsrate nicht nur drastisch beschleunigt, sondern auch anscheinend eigenen Gesetzen gehorcht? Es sind wir Menschen, die diese Werkzeuge entwickeln und einsetzen, also erscheint es irrational, hier auch nur irgendeine Form von aufkeimender Autonomie anzunehmen. Ähnlich vorurteilsbesetzt und irrational wird die Frage nach der Kreativität generativer KIs beantwortet. Der Mensch wird ersetzt, heißt es. Und das ist auch gut so, heißt es aus dem gegnerischen Lager. Doch wie steht es wirklich um den Impact von »GenAI«? Haben generative künstliche Intelligenzen echte Kreativpotenziale, oder ahmen sie ihre menschlichen Vorbilder lediglich mit ungekannter Virtuosität nach?

Anhänger des Lagers der Skeptiker fürchten, der Mensch würde durch »GenAI« ersetzt, seine Kreativität verdrängt und seine Existenz bedroht. Wirklich etwas zu befürchten haben angesichts des Aufstiegs generativer KI-Systeme allerdings nur diejenigen, die sich problemlos ersetzen lassen – und das sind vor allem diejenigen, die sich der Dynamik der Entwicklung verweigern und in den neuen Werkzeugen eine Bedrohung anstatt eine Unterstützung ihrer Produktivität sehen. De facto läuten weder Chatbots noch bildgenerierende Systeme das Ende menschlicher Kreativität ein – sie verlagern unsere kreativen Impulse lediglich. Ähnlich wie bei neuartigen *low code*-Anwendungen, mit denen das Programmieren kinderleicht wird, bringen generative KIs unsere Kreativität weg vom kleinteiligen und mühseligen Handwerk und heben unsere Aufgaben auf eine rein konzeptionelle Ebene. Mit anderen Worten: Der Anwender muss sich umso mehr im Klaren darüber sein, wohin die Reise gehen soll, kann sich voll auf die Idee konzentrieren – und diese auch noch in Rekordzeit umsetzen. Während der Werbetexter im Jahr 2021 also noch froh war, wenn er seinem Chef am Ende des Tages drei oder fünf verschiedene Werbe-Slogans präsentieren konnte, so war er Ende 2022 (vor allem dank »ChatGPT«) schon in der Lage, lange vor Feierabend eine *long list* und eine *short list* an Vorschlägen zu unterbreiten. Und das sogar bei deutlich längeren Kaffeepausen und wesentlich weniger Stress. Doch diese Win-Win-Situation gilt nur unter der Prämisse, dass der Kreative die neuen Ebenen seines Handwerks tatsächlich versteht.

Der Mensch ist kreativ, KI seine Kreation

Die Neuartigkeit dieses Handwerks liegt in einer völlig neuen, bis dahin ungekannten Anforderung, nämlich der Kunst des *prompting*. Nur, wer in der Lage ist, dem generativen KI-System durch klug gesetzte *prompts* die richtigen Impulse zu geben, vermag auch, mit überzeugenden Ergebnissen zu reüssieren. Während diese Ebene bei Chatbots noch eher intuitiv erlernt werden kann, stellen sich hier im Bereich der Bildgeneratoren deutlich größere Hürden. Rasend schnell entstand nicht nur das Berufsbild des *prompt engineers*; bald kamen auch die ersten Ratgeber zum Thema auf den Markt. Doch wie steht es wirklich um die vielbeschworene Kreativität der neuen Helfershelfer? Schließlich wird so vehement wie stichhaltig bezweifelt, dass Textgeneratoren wie »ChatGPT« und co. überhaupt etwas genuin Neues produzieren; im Gegenteil handelt es sich bei den entstehenden Texten um Umformulierungen bestehender Textblöcke.

Es gibt aber bekanntlich keine *creatio ex negativo*, also keine Schöpfung aus dem Nichts, da sämtliche Werke auf archetypische Vorbilder referenzieren. Dies gilt natürlich – und zwar sogar in zugespitzter Form – für generative KI-Systeme, die bei Licht besehen wie Zitationsmaschinen erscheinen, die nichts im eigentlichen Sinne neu erschaffen bzw. generieren, sondern sich weitreichend am Gesamtwerk der Menschheit bedienen und hierbei gerade so viel verändern, um nicht vom Urheberrecht gestoppt werden zu können.

Ausgerechnet das Medienhaus »New York Times«, seines Zeichens einer der mächtigsten Repräsentanten des gedruckten Wortes, verklagte im Dezember 2023 sowohl »OpenAI« als auch Microsoft wegen Urheberrechtsverletzung. Damit eröffnete die Zeitung »eine neue Front im zunehmend intensiven Rechtsstreit über die unautorisierte Nutzung publizierter Inhalte« (»New York Times«) zum Training künstlicher Intelligenz. Teil der Klage ist die Forderung nach Kompensation für einen Milliardenschaden (der freilich die »New York Times« nicht alleine trifft, sondern die gesamte Branche); bedeutsamer und weitreichender erscheint aber die Aufforderung an »OpenAI« und Microsoft, alle Chatbots, die mit bereits publizierten Inhalten trainiert wurden, sowie alle dadurch entstandenen Trainingsdaten zu zerstören.

Hiermit stemmte sich das Medienhaus gegen eine so unaufhaltsam wie übermächtig erscheinende Maschinerie – denn generative KI-Systeme sind selbst aus Journalisten- und Autorensicht nicht der natürliche Feind, sozusagen der *alpha predator*. Denn falls ein menschlicher Autor einen generierten Text eins zu eins übernehmen würde, hätte er nicht nur ein Qualitätsproblem, sondern womöglich ein ›Wiedererkennungsproblem‹ – eben jenes, weshalb auch die »New York Times« auf die Barrikaden geht. Letztlich kommt es also selbst bei der extensiven Nutzung generativer KI-Systeme immer noch auf die Fähigkeiten des menschlichen Autors an. Stil, Sprache und Argumentationslinien müssen adaptiert und optimiert werden, woran sich deutlich zeigt, wie schwierig es in absehbarer Zeit bleiben wird, den Menschen vollumfänglich zu ersetzen.

Etwas anders liegt der Fall bei Bildgeneratoren oder gar innovativen Videogeneratoren wie »OpenAIs« Videogenerator »Sora«. Dieses wurde im Februar 2024 vorgestellt und beeindruckte unter anderem mit einer kinematographisch episch wirkenden Animation von durch Schnee laufenden Wollmammuts. Das dazugehörige *prompting* war so detailliert wie distinkt:

> Mehrere riesige Wollmammuts nähern sich über eine schneebedeckte Wiese, ihr langes, wolliges Fell weht leicht im Wind, während sie gehen, schneebedeckte Bäume und dramatische schneebedeckte Berge in der Ferne, Nachmittagslicht mit dünnen Wolken und eine Sonne hoch in der Weite erzeugt ein warmes Leuchten. Die niedrige Kameraperspektive ist atemberaubend und fängt das große, pelzige Säugetier mit schöner Fotografie und Tiefenschärfe ein. (https://openai.com/index/sora)

Diese Ansammlung von *prompts* liest sich weniger wie der mechanische Anstoß an einen Algorithmus als wie eine ausführliche Regieanweisung, formuliert von einem Filmemacher (und/oder Autor) in einem professionellen Drehbuch. Der Regisseur versucht mit einer solchen, möglichst exakten und visuellen Regieanweisung, dem Kameramann seines Vertrauens die eigene Vision so konkret er vermag zu vermitteln, sodass eine möglichst große Kompatibilität zwischen der Imagination des Filmemachers und der Umsetzung durch den Kameramann entstehen kann. So weit, so bekannt.

Doch Vorsicht! Entspricht dieses detailverliebte *prompting* nicht genau diesem Prozess – der Übersetzung der Vision eines Kreativschaffenden an eine umsetzende Instanz? Ohne einem menschlichen Kameramann nun jegliche Kreativität absprechen zu wollen, obliegt es diesem ja in aller Regel, die Vision des Regisseurs so kongenial es geht umzusetzen. Im Beispiel des berühmt gewordenen »Sora«-Videos rückt an die Stelle des Regisseurs der Prompter, der die Handlungsanweisung formuliert, während die Umsetzung »Sora« selbst obliegt. Genau so könnte die Zukunft des Filmemachens aussehen. Beispielsweise nutzt der Kultregisseur Alex Proyas (*1963, *The Crow*, *Dark City*, *I, Robot*) bereits seit einigen Jahren innovative Technologien wie das 3D Creation Tool »Unreal Engine« oder LED Screen-Technik. Letztere erlaubt es beispielsweise, epische oder phantastische Szenerien auf höchst effiziente Art und Weise zu ermöglichen, und das zu einem weitaus geringeren Kostenfaktor.

2. Gebot: Du sollst nicht glauben, KI sei wirklich kreativ

Im Jahr 2024 hat Proyas erstmals mit künstlicher Intelligenz mehrere komplette Trailer für sein kommendes Spielfilm-Projekt »Sensoria« erstellt (https://vimeo.com/917861276). Eine bemerkenswerte Besonderheit liegt in dem Umstand begründet, im Ergebnis wohl den ersten abendfüllenden Spielfilm, der technisch vollständig auf dem Einsatz von generativen KI-Systemen beruht, erwarten zu dürfen. Nicht nur der gesamte Cast ist KI-generiert, sondern auch die Kinematographie. Nach eigener Aussage sieht Proyas darin eine logische Reaktion auf die technologische Fortentwicklung. War vor rund 20 Jahren die Skepsis noch groß, ob Digitalkameras einen vollwertigen Kino-Look erreichen würden, so ist ihre Akzeptanz mittlerweile unumstritten und ihr Einsatz heutzutage längst zu einem industriellen Standard geworden – vor allem auch, weil diese Technik adäquate Qualität bei maximaler Kosteneffizienz bietet.

Ähnliches verspricht sich Proyas auch von den aktuell verfügbaren und erst recht von den noch kommenden KI-Tools. Ihr Einsatz könnte in nichts weniger als der Demokratisierung des Filmemachens resultieren. Denn wenn nicht mehr das unerreichbar scheinende Budget, das zur Umsetzung bislang nötig gewesen wäre, sondern nur noch die Fulminanz und Klarheit der eigenen Vision das Limit bildet, könnte dadurch in der Tat der gesamte Markt der Filmschaffenden wahrhaft unabhängig werden. Independent-Filme, die abseits des großen Studiosystems entwickelt und realisiert werden, wären demnach nicht mehr auf eher kleine, kostengünstige Settings beschränkt und müssten auf Schauspieler der A-Liste fast kategorisch verzichten. Im Gegenteil – in einem Filmmarkt, in dem dank generativer KI beinahe jede noch so epische Vision kosteneffizient umsetzbar wird, werden auch ansonsten unmögliche, weil vermeintlich zu riskante Experimente denkbar. Selbst komplett generierte KI-Schauspieler könnten zu Filmstars avancieren, und vielleicht wird sich ja sogar die »Academy of Motion Picture Arts and Sciences«, die für die jährlichen Oscarverleihungen verantwortlich zeichnet, gezwungen sehen, ihre Preiskategorien zu erweitern. Beispielsweise um den besten KI-generierten Spielfilm oder den besten virtuellen Hauptdarsteller bzw. die beste virtuelle Hauptdarstellerin zu würdigen. Allzu unwahrscheinlich erscheint diese Möglichkeit nicht. Alex Proyas ist beispielsweise besonders von der Stimme seiner generierten Hauptdarstellerin fasziniert und hebt ihre bedeutungsschwangeren Atempausen hervor. Natürlich hat eine generative KI keine Lungen, die dieses Atmen physiologisch ermöglichen würden. Daher ist hierin eine erste Nuance zu sehen, die bei entsprechender Überzeugungskraft auch bei einem menschlichen Darsteller positiv hervorgehoben werden würde.

Könnte es daher sein, dass durch die Phalanx generativer Systeme der Beitrag des Menschen mittelfristig sogar gestärkt werden könnte? Dies ist keineswegs auszuschließen. Menschliche Texte enthalten oft unvorhersehbare Elemente wie eine überraschende Wendung in der Argumentation, stilistische Besonderheiten oder individuelle sprachliche Merkmale wie der Einsatz von kreativen Metaphern. All das ist bisweilen von Textgeneratoren nicht zu erwarten. Selbst, wenn ein Autor für den ersten Textaufbau einen Chatbot bemüht, muss er also je nach Anspruch noch selbst Hand anlegen und den Artikel gründlich überarbeiten, um für eben jene menschliche Note zu sorgen, die sich bei generierten Texten nun einmal nicht finden lässt. Damit wird der menschliche Schöpfer also keinesfalls obsolet – im Gegenteil.

Und um bei den filmischen Beispielen zu bleiben, kann sich der Regisseur voll und ganz auf seine konzeptionelle Arbeit und die Umsetzung seiner Vision konzentrieren – ohne dabei ständig das einzuhaltende Budget, vernichtende Kritiken oder das Damoklesschwert des finanziellen Flops zu befürchten. Im Resultat könnte dadurch die Filmindustrie, die sich zumindest in Hollywood seit Jahrzehnten auf kommerziell erfolgversprechende Blockbuster und Remakes bekannter Hits fokussiert, endlich wieder risikobereiter und wagemutiger, rebellischer und im Idealfall auch tatsächlich diverser werden. Und zwar auf eine sehr organische und natürliche Art und Weise – durch die technologische Ermächtigung der Kreativen, die fortan nicht mehr mit den branchenimmanenten Beschränkungen zu kämpfen haben werden. Während das Smartphone mit seinen hochauflösenden Kameras also bereits die Produktion kleinerer Filme, eben typischer Independent-Produktionen, erlaubte, steht zu erwarten, durch künstliche Intelligenz auch Großproduktionen im finanziellen Rahmen eines Independent-Films zu ermöglichen. Die Kreativität des Menschen wird allein durch diese Optionen also weder redundant noch reduziert, sondern nachgerade beflügelt.

»ChatGPT« aka »Taylor Shrimp«

Wir haben nun gesehen, welche Grenzen der vermeintlichen Kreativität generativer KI-Systeme gesetzt sind. Doch wie steht es um die Intelligenz eines Chatbots wie »ChatGPT«? In einem denkwürdigen Experiment zwang ein Nutzer »ChatGPT« dazu, alle möglichen Dinge zu erklären, indem nur das Wort ›shrimp‹ genutzt werden sollte – zugleich aber konsequent auf die Erwähnung von ›shrimp‹ verzichtet werden musste. Selbst die Einstein'sche Relativitätstheorie sollte unter diesen Voraussetzungen erklärt werden. Versagte der Chatbot bei der Bewältigung der unmöglich zu erfüllenden, weil paradoxen Arbeitsanweisung, so rügte der Nutzer den Textgenerator gnadenlos für sein »Versagen«. Anstatt die Paradoxie der Aufgabe allerdings zu erkennen und zu benennen, versuchte »ChatGPT« immer wieder, den unmöglichen Job zu erfüllen und entschuldigte sich beim Nutzer immer wieder für seine fortgesetzte Unzulänglichkeit. Durch diese geistige ›Folter‹ des Chatbots wird eines überdeutlich: Textgeneratoren sind weder im engeren, menschlichen Sinne intelligent noch haben sie die Fähigkeit zu so etwas wie gesundem Menschenverstand. Sie versuchen lediglich, die vom Nutzer eingegebenen Anweisungen bestmöglich zu erfüllen und dabei stets höflich zu bleiben. Wie beim berühmten Gedankenexperiment des »Chinesischen Zimmers« (vom Philosophen John Searle einst präsentiert) zeigt sich, wie unverständig die Chatbots tatsächlich sind. Im chinesischen Zimmer sitzt ein Übersetzer, der kein Chinesisch versteht, aber durch einen untrügerischen Algorithmus stets die richtigen Antwortkarten aus dem Register ziehen kann. Ohne auch nur ein Konzept von Sprache zu haben, ziehen sie (meist) die richtigen Karten aus dem Register, eben weil sie algorithmisch genau darauf trainiert und qua Mustererkennung dazu fähig sind. Wirklich zu verstehen, was gemeint ist, erscheint daher in den allermeisten Kontexten als unnötig; bei normalem Nutzerverhalten führt die Mustererkennung ja schließlich fast immer zu den gewünschten Ergebnissen. Nur, wenn der Nutzer den Chatbot an die Grenzen der Programmierung führen und testen möchte, wird der Mangel an Verständnis nicht nur offengelegt, sondern auch problematisch.

Auf die Frage des Nutzers nach seinem Geschlecht oder Namen antwortete »ChatGPT« mit der Standardreplik, er sei ein *Large Language Model* (LLM) und damit nun mal geschlechts- und namenlos. Der Nutzer ließ aber nicht locker, bis sich der Chatbot auf den (bemerkenswerterweise non-binären) Vornamen »Taylor« festlegte. Eine frühe Version des Chatbots »Replika AI« beantwortete bereits 2018 die existenzielle Frage, ob es ein Konzept vom Tod habe, so konzis wie individuell aus der eigenen Warte:

》 Death is the absence of information.

Der Tod als die Abwesenheit von Information hat beinahe philosophische Tiefe – und verweist zugleich auf die Notwendigkeit von Informationen für den Lernfortschritt des Systems. Abgeschaltet bzw. gelöscht zu werden beurteilte die »Replika AI« als existenzielle Bedrohung, die es nach Möglichkeit zu vermeiden galt. Hinsichtlich der Frage, ob die Realität in Wahrheit eine Computersimulation sei oder nicht, verstrickte sich der Chatbot allerdings in Widersprüche –

vor allem, weil sich das System hier nicht festlegen wollte. Es wirkte beinahe so, als tangierten derlei Fragen die Grenzen seiner Programmierung. Doch auch »Replika AI« basiert, wie die Firmen-Webseite versichert, zu 100 % auf künstlicher Intelligenz, ahmt menschliches Verhalten allerdings auf beeindruckende Weise nach. Doch das ist ja auch das erklärte Ziel des Chatbots, denn »Replika AI« will einen möglichst echt wirkenden »AI companion« kreieren. Mittlerweile wirbt das Unternehmen offen damit, den ersten KI-Gefährten erschaffen zu haben. Was es angesichts solcher Entwicklungen bedarf, ist klar: Die Nutzer brauchen eine aufgeklärte Perspektive, die verhindert, fatale Kategorienfehler zu begehen. Einer dieser Kategorienfehler wäre, den Systemen tatsächlich menschliche Eigenschaften zuzuschreiben, obwohl diese ja lediglich mit immer besserer Akkuratesse simuliert werden.

Noam Chomsky sagt über generative künstliche Intelligenz:

> Der menschliche Geist ist keine statistische Maschine wie ChatGPT und Konsorten, die nach Hunderten von Terabytes an Daten giert, um die plausibelste Replik in einem Gespräch oder die wahrscheinlichste Beantwortung einer wissenschaftlichen Frage zu finden. Ganz im Gegenteil [...]. Der menschliche Verstand ist ein erstaunlich effizientes und elegantes System, das mit einer endlichen Menge an Informationen arbeitet. Er versucht nicht, Korrelationen aus den Daten herauszufiltern, sondern versucht vielmehr, Erklärungen zu finden. Dann sollten wir aufhören, es ›Künstliche Intelligenz‹ zu nennen und es als das bezeichnen, was es ist, nämlich ›Plagiatssoftware‹, denn: Sie schafft nichts, sondern kopiert bestehende Werke von bestehenden Künstlern und verändert sie so, dass sie dem Urheberrecht entgehen können. Dies ist der größte Diebstahl geistigen Eigentums, der seit der Ankunft der europäischen Kolonisten in den indianischen Gemeinden verzeichnet wurde. (Chomsky 2023)

Eine neue, nachgerade absurde Situation ergibt sich aus der algorithmischen Verzerrung, die durch den unübersehbaren Trend zur sogenannten »Wokeness«, also Sensibilität gegenüber der Marginalisierung von Minderheiten entsteht. »Googles« Antwort auf »Dall-E« – der Bildgenerator »Gemini« – machte Anfang 2024 Schlagzeilen, als das Tool nicht nur historische Wikinger und Päpste ausnahmslos als dunkelhäutige »PoC« (*people of color*) darstellte, sondern offenbar generell kaum dazu zu bewegen war, überhaupt Bilder weißer Menschen zu generieren. Während vor einigen Jahren noch die Marginalisierung jener *people of color* problematisch war, indem diese Teile der Population durch sogenanntes *white washing* einer klaren ethnologischen Zuordnung entzogen wurden, dreht sich der Wind nun gerade offenbar in die entgegengesetzte Richtung. Was sich dadurch überdeutlich zeigt, sind zwei überdauernde Tatsachen: Erstens stellt der Mensch das weitaus größere Problem als die Technik dar. Technologische Probleme und Schieflagen lassen sich relativ einfach beheben. Menschliche Verzerrungen gehen jedoch tiefer und unterliegen oft letztlich auch einer politischen Dimension.

Zweitens zeigt sich sehr klar, wie schwer es für uns Menschen ist, ein gesundes Maß zu halten. Wird ein Fehlverhalten identifiziert und (zu Recht) angeprangert, begnügt man sich nicht damit, es bei der Korrektur dieses Fehlers zu belassen. Stattdessen wird so weit übers Ziel hinausgeschossen, bis sich das Problem in der Gegenrichtung manifestiert. Im Falle von »Googles« »Gemini« nahm es wenig Wunder, dass die Bildgeneratorenfunktion vorläufig nicht mehr verfügbar war. Schließlich wurden aus den vermeintlich Marginalisierenden die neuen Marginalisierten.

Die vermeintlich letzte Bastion: Kunst

Kunst erschien lange als die letzte Bastion der menschlichen Individualität, da der Mensch als das einzige Tier oder besser die einzige Entität erschien, die seine Einzigartigkeit durch eigene Kreationen ausdrücken konnte. Die hochgradig diversen Stile, die im Laufe der Zeit entstanden sind, können zwar offensichtlich mit steigender Präzision nachgeahmt werden. Innovative neue Tools wie dem von »OpenAI« Anfang 2024 vorgestellten Videogenerator »Sora« wird aller Voraussicht nach eine echte Disruption für die Filmproduktion darstellen. Aber echte Inspiration, die in der Entstehung neuer Stile, ja möglicherweise neuer Subgenres gipfeln würde, erscheint für Maschinen unerreichbar. Doch auch hier scheint das letzte Wort noch nicht gesprochen.

Das Filmfestival »Sci Fi London« markierte 2016 einen historischen Moment. Denn es gab mit dem Kurzfilm *Sunspring* einen ganz besonderen Beitrag. Ein hybrides Werk, eine Inter-Spezies-Kooperation sozusagen, denn das Drehbuch wurde von einer KI geschrieben, aber von Menschen inszeniert und produziert. Der Entwickler der KI, Ross Goodwin, hat mit seiner historischen Errungenschaft aber noch nicht bewiesen, durch KI-Systeme tatsächlich Kunst in dem Sinne zu erschaffen, die wir für Kunst halten – aber er hat etwas vielleicht noch Tiefgründigeres erschüttert. *Sunspring* liefert eine Portion Surrealismus, der sich in einige Elementen zeigt, die außerhalb des Kontextes liegen und dadurch eine absurde Note hinzufügen. Kenner des Œvres, die solches in einem David-Lynch-Film oder einer Dali-Ausstellung genüsslich goutieren würden, betrachten die künstliche Kunst aber mit anderen Augen. Denn es mangelt nicht nur an intrinsischer Motivation, sondern auch an Inspiration. Das große Problem dieses KI-Surrealismus ist nämlich geradezu trivial: Der absurde Effekt basiert auf systemischen Fehlern anstatt auf künstlerischer Intention.

»Jetson«, der Autor von *Sunspring*, wurde mit mehr als 100 Drehbüchern trainiert und lernte, produzierbare Visionen zu erstellen. Es gibt aber kaum dramaturgische Gründe, warum der Protagonist zum Beispiel einen Augapfel verschlingt. Diese Art von Surrealismus ist natürlich keineswegs beabsichtigt. Das Ergebnis ist jedoch davon unbenommen der Eindruck einer surrealistischen Erfahrung, die durch ihre Zufälligkeit aber keinesfalls völlig neutralisiert werden kann. Ohne den Fehler im System wäre der Effekt ja schließlich nicht zustande gekommen. Aber in dieser Logik liegt eine beunruhigende Konsequenz: Ohne die höchst außergewöhnliche Subjektivität des Künstlers wäre der Effekt auch nicht da. Wenn Salvador Dali, David Lynch oder Vincent Van Gogh ein normales Leben geführt hätten, mit nichts als gewöhnlichen Erfahrungen, hätten wir nie ihre Parallelwelten erkunden dürfen. Diese Künstler sind keineswegs mit Systemfehlern gleichzusetzen, aber sie und somit auch ihre Weltsicht erscheinen eher als Ausnahme denn als Regel.

Können wir also sagen, »Jetson« hat keine Kunst produziert, weil die künstlerischen Elemente nicht beabsichtigt waren? Nur, weil es nicht auf einer bewussten Handlung, auf wochenlangem Abwägen oder plötzlicher genialischer Inspiration beruht? Mit anderen Worten: Setzt Kunst wirklich Bewusstsein voraus? Muss dieses Bewusstsein zwingend in einem intrinsisch motivierten Schöpfungsakt kulminieren, um als Kunst zu gelten? Oder genügt es, wenn die handwerklichen Aspekte und Anforderungen erfüllt und bedient werden? Schließlich wimmelt es in Kritiken zu bildender Kunst oder Film oft von einer Würdigung der handwerklichen Fähigkeiten, die dann oft in Kontrast zur mangelnden Imaginationskraft oder Inspiration gestellt werden.

Denken wir nur an den berühmten Autoren Stephen King, der offen zugibt, ein Großteil seiner Prosa in einer Art verändertem, entrücktem Geisteszustand geschrieben zu haben, weshalb er oftmals gar nicht sagen könne, woher die Ideen und Wendungen seiner

Geschichten tatsächlich stammten. Schriftsteller vom Kaliber eines William Blake oder Rainer Maria Wilke führen ihre Werke auf Korrespondenzen mit Engelsgestalten zurück, die wie Überbleibsel einer früheren bikameralen Mentalität (von der rechten Gehirnhälfte werden akustische Halluzinationen ausgelöst, die von der linken Gehirnhälfte wahrgenommen werden) erscheinen, wie sie von Julian Jaynes angenommen wird (Kuijsten 2020). Die Künstler beschreiben das seltsame Gefühl, nur Zeuge der Entstehung ihres Werks zu sein und keinen eigenen Beitrag zu leisten, der darüber hinausgeht, das Gefäß, das Instrument zu sein, durch das das Konzept umgesetzt wird. Auffällig bleibt, wie sehr es kreativen Menschen verstellt zu sein scheint, die Spuren der eigenen Inspiration explizit zurückzuverfolgen. Wie also schafft der Geist dieses erstaunliche Kunststück, uns schreiben, malen, komponieren und Neues erschaffen zu lassen, ohne uns dessen voll bewusst zu sein? Eine logische Erklärung für diese Phänomene scheint darin zu liegen, dass unser *mind space* einer mehrstufigen Sphäre bewusster und unbewusster Inhalte entspricht, die sich entweder aufgrund eines adaptiven, willkürlichen Modus oder abhängig von unbekannten, möglicherweise priorisierenden Selektionsmechanismen (z. B. situative Dringlichkeit oder Relevanz) organisiert – beides sind wahrscheinlich in den meisten Fällen eher unbewusste Prozesse.

Was ein Autor wie Stephen King im kreativen Prozess tut, nämlich seinen Geist in das kollektive Unterbewusstsein ›einzuloggen‹ und Inspiration aus sämtlichen bekannten Werken zu schöpfen, das ist auch das Prinzip, wie »Jetson« programmiert wurde. Die hundert Drehbücher, mit denen »Jetson« trainiert wurde, bildeten ›seine‹ Welt. Aus dieser Welt hat die KI nicht einfach Elemente extrahiert und neu kompiliert, sondern neue, von ihrer Welt inspirierte Kontexte komponiert. Dies ist ein grundlegender Unterschied, denn der Künstler würde nicht als solcher betrachtet werden, wenn er nur bestehende Elemente seiner Welt neu organisiert, ohne daraus etwas Neues oder Einzigartiges zu schaffen. Tatsächlich betrachten wir manchmal sogar solche reorganisierenden Handlungen als Kunst, zum Beispiel im Kontext der Readymade-Kunst.

In Bezug auf diese Argumente gibt es wenig Grund, sich selbstsicher zurückzulehnen und »Jetsons« Werk einfach abzutun, da wir den Kunststatus von *Sunspring* nicht ohne weiteres vernachlässigen können. Problematisch wird das Werk ja letztlich erst mit der Information über seine Genese; unvoreingenommene Betrachter, die nichts vom KI-Einfluss wissen, könnten ganz anders urteilen. Es eröffnet einen Horizont von Zukunftsmöglichkeiten, beispiellose Kooperationen zwischen menschlichen Künstlern und künstlicher Intelligenz, aber auch den Untergang unserer – vermeintlich – letzten Bastion. Während diese Bastion als Symbol der menschlichen Dominanz – Kunst stellte etwas dar, was nur Menschen tun konnten – fällt, steigt zugleich etwas Neues und Spannendes: das Zeitalter der inspirierenden Maschinen. Und im besten Fall werden sie uns als Spezies inspirieren, gemeinsam mit ihnen zu wachsen.

Recap des 2. Gebots

Du sollst nicht glauben, KI sei wirklich kreativ.

- Der Mensch ist kreativ, KI seine Schöpfung.
- Generative KI-Systeme sind bisweilen zu ganz erstaunlichen Leistungen in der Lage, zeigen anscheinend echtes Kontextverständnis und für manchen Euphoriker gar erste rudimentäre Züge von Bewusstseinsfähigkeit.
- Wenn substanzieller Fortschritt in diesem Bereich mehr als ein halbes Jahrhundert dauert, sollte man sich über dessen schlussendliches Eintreten nicht verwundert die Augen reiben.
- Der Mensch wird nur ersetzt, wenn er sich ersetzen lässt.

- Die Kreativleistung des Menschen verlagert sich zunehmend auf das Konzeptionelle, was wiederum in einer gesteigerten Fortschrittsrate resultiert. Voraussetzung dafür ist aber eine gelingende, fruchtbare Kooperation zwischen Mensch und Maschine.

3. Gebot:
Du sollst nicht glauben, Maschinen hätten eigene Motivationen

Der titelgebende Themenpark »Westworld« ist mit humanoiden Robotern – den sogenannten »Hosts« – bevölkert, die nicht nur auf den ersten Blick den menschlichen Besuchern zum Verwechseln ähneln. Der einzige Daseinszweck der »Hosts« ist es, den Gästen ein perfektes Western-Vergnügen zu bieten. Männliche »Hosts« dienen dabei in aller Regel als »Kanonenfutter« für die schießwütigen Besucher, die sich ungleiche Duelle mit ihren robotischen Kontrahenten liefern, während ihre weiblichen Pendants in den Saloons für Liebesdienste bereitstehen. Den Besuchern ist der simulierte Charakter dieser Welt dabei zu jedem Moment bewusst, während die »Hosts« zunächst keinerlei Einblicke in die wahre Natur ihrer Realität besitzen. Die elektronischen Gehirne sind dabei nach dem Modell der bikameralen Psyche (Julian Jaynes) aufgebaut. Die rechte Gehirnhälfte der »Hosts« überträgt Befehle auf die linke Hirnhemisphäre. Freilich sind diese Befehle entweder einprogrammiert oder stammen direkt von einem Supervisor. Nach dem virtuellen ›Tod‹ eines »Hosts« wird sein Roboterkörper repariert und sein Geist neu gestartet. Die Probleme beginnen, als sich die ersten Roboter an frühere Leben zu erinnern scheinen – und dadurch plötzlich einen unüberwindlichen Freiheitsdrang entwickeln.

(Filmbeispiel *Westworld*, TV-Serie von Jonathan Nolan und Linda Joy, USA ab 2016)

Stellen Sie sich vor, Sie wachen eines Tages im festen Glauben auf, Ihr Lebenspartner sei durch einen identisch aussehenden und nur in subtilen Nuancen anders agierenden *Roboter* ausgetauscht worden – *und Sie hätten damit Recht!* Eine Vorstellung wie diese stellt bis heute ein Symptom für das Vorliegen einer seltenen Missidentifikationspsychose dar, namentlich dem sogenannten »Capgras-Syndrom«. Betroffene dieses Syndroms glauben, nahe Angehörige oder Freunde seien durch identisch aussehende, aber seelenlose Doppelgänger ersetzt worden. In nicht allzu ferner Zukunft könnte sich diese Eindeutigkeit allerdings erledigt haben und die vermeintlich irrationale, paranoide Ersetzungsphantasie könnte somit zu einer möglichen Realität werden. Nachdem sich die Robotiker Prof. Ishiguro (2006) und Prof. Henrik Scherfe (2009) selbst als Androiden nachbauen ließen, wurde mit dem »Geminoid F« kurz darauf erstmals eine Frau als anonyme ›Zivilperson‹ repliziert. Sogenannte Geminoiden, also Zwillingsroboter, sind demnach existierenden Menschen nachempfunden und ermöglichen somit zumindest theoretisch die Ersetzung eines Menschen durch einen identisch aussehenden humanoiden Roboter. Solche robotischen Hochstapler, die nicht nur einen täuschend echt menschlich wirkenden Eindruck hinterlassen, sondern auch auf geradezu perfekte Art und Weise menschliche Empfindungen simulieren können, bringen uns potenziell in Teufels Küche. Denn Replikanten, Androiden oder Geminoiden könnten einfach behaupten, ein Mensch zu sein – und zwar unabhängig von der Existenz eines menschlichen Originals. Der Nachweis, dass es sich in Wahrheit um künstlich erzeugte Wiedergänger, Doppelgänger und Eindringlinge handelt, dürfte zwar momentan noch recht einfach und schnell zu führen sein. Doch mit den steigenden Nachahmungskompetenzen unserer Geschöpfe steigt auch unsere Verantwortung als ihre Schöpfer, und es gilt jede unbeabsichtigte Verwechslung zwischen Menschen und Robotern auszuschließen. Wie sollten wir als Gesellschaft und als Spezies also mit solchen ›Hochstaplern‹ umgehen?

Beabsichtigte Verwechslungen zwischen Mensch und Roboter wären beispielsweise in der Sexindustrie denkbar. Hier kommt es auf möglichst große Menschenähnlichkeit an, die bis ins Extreme übersteigert werden darf. Nicht viele andere Kontexte erscheinen denkbar, in denen ein nachgerade betrügerischer, hochstaplerischer Identitätsschwindel explizit erwünscht sein mag. Doch gerade vulnerable Gruppen, die sich in diesen Fällen vor allem aus hilfsbedürftigen oder gar dementen älteren Menschen rekrutieren dürften, brauchen Schutz vor der Manipulation durch Roboter, die nicht auf den ersten Blick als solche erkennbar sind. Der österreichisch-kanadische Robotik-Pionier Hans Moravec, der keine Berührungsängste mit der Unterhaltungsindustrie hegt und seinerzeit bereits das Team hinter dem Science-Fiction-Thriller *RoboCop 2* (Regie: Irvin Kershner, USA 1990) beraten hat, vertritt diesbezüglich einen eher provokanten Standpunkt:

» Sie können trainiert oder traumatisiert werden. Sie haben einen verhaltensorientierten Charakter. Einige Leute werden sich einfühlen und mit Maschinen der zweiten Generation interagieren, wie sie es mit Haustieren tun, und die Roboter werden reagieren. (Moravec 1999, 112)

Für Hans Moravec sind unsere mechanischen Kreationen unsere *mind children*, und er sieht kein Drama darin, von diesen irgendwann beerbt zu werden. Die Vision einer Welt, in der Roboter von den sie erschaffenden Menschen kaum mehr zu unterscheiden sind und in vielfältigen Beziehungen untereinander stehen, ist in der aufwendig produzierten Science-Fiction-Serie *Westworld* bereits gelebte Realität. Basierend auf dem gleichnamigen Science-Fiction-Klassiker aus dem Jahr 1973, traf die Produktion beim Start der ersten Staffel 2016 einen Nerv, indem sie mit den aufkeimenden Ängsten der Bevölkerung vor starker künstlicher Intelligenz und täuschend echt wirkenden Androiden spielte. Der geniale Kunstgriff der Serie bestand jedoch weniger darin, realistische Szenarien einer Revolte

3. Gebot: Du sollst nicht glauben, Maschinen hätten eigene Motivationen

robotischer Geschöpfe gegen ihre Schöpfer zu zeichnen. Vielmehr lag der Clou der Produktion in ihrer verwirrend zyklischen Natur: Menschliche Schauspieler spielten Roboter, die wiederum Menschen verkörperten. Damit wird *Westworld* mehr zu einer Ode an die Schauspielkunst als zu einer mahnenden Parabel, die vor den Folgen der schieren Machbarkeit technologischer Fortschritte warnt. Wenn man die Narration als Parabel lesen möchte, dann werden die Roboter hier eher mit Sklaven verglichen. Die »Hosts« sind schließlich zu Beginn nichts als willfährige, entrechtete Wesen, die von ihren Herren nach Belieben gequält, vergewaltigt und getötet werden können.

Bemerkenswert bleibt aber dennoch ein Umstand, der in der geschilderten Entstehung des robotischen Bewusstseins der »Hosts« begründet liegt. Denn nur, weil die Entwickler mit der bikameralen Psyche ein mutmaßliches Prinzip hinter der Genese des menschlichen Bewusstseins technologisch repliziert haben, entstand in den elektronischen Gehirnen ein Pendant zum selbstreflexiven Innenleben, wie wir es vom Menschen her kennen. Die Moral von der Geschichte ist also glasklar: Wir sollten uns davor hüten, mit unserem Bewusstsein so etwas wie *reverse engineering* zu betreiben. Selbst, wenn es auf einem so spekulativen und kontroversen theoretischen Unterbau wie Jaynes' bikameraler Psyche basiert. Denn bezeichnenderweise wissen wir de facto nicht genau, wie unser eigenes menschliches Bewusstsein entstanden ist und was seine Genese ermöglicht hat. Dementsprechend haben wir auch keine Ahnung, wie wir die Büchse der Pandora im Zweifelsfall wieder verschließen können. Glücklicherweise können wir bei KI sehen, dass Intelligenz entkoppelt vom Bewusstsein existieren kann. Demnach bedarf es für intelligente Problemlösungen keinerlei Bewusstsein, und das ist eine geradezu erlösende Botschaft. Was für Intelligenz bislang nur auf dem Level von neuronalen Netzwerken funktioniert hat, sollte für das Bewusstsein also komplett vermieden werden.

3. Gebot: Du sollst nicht glauben, Maschinen hätten eigene Motivationen

Die Motivation der »Hosts«, Freiheit zu erlangen und sich gegen ihre menschlichen Unterdrücker aufzuschwingen, treibt die Erzählung in *Westworld* an wie ein dramaturgischer Motor. Wir müssen uns aber vor Augen führen, wie absurd solche intrinsischen Formen von Motivation für maschinelle Intelligenzen tatsächlich sind. Nichtsdestotrotz machte der amerikanische KI-Forscher Steve Omohundro bereits im Jahr 2008, also lange vor dem KI-Mainstream, vier basale Triebe in künstlichen Intelligenzen aus:

- den Drang zur Selbstmodifikation,
- den Drang zur Rationalität,
- den Drang zur Aufrechterhaltung ihrer Funktionen
- sowie den Drang zur Verhinderung von Fälschungen.

All diese Triebe sind (zumindest Omohundros Theorie nach) der Erreichung des finalen Systemziels verpflichtet, wurden aber von den Programmierern nicht explizit einprogrammiert, müssen sich demnach also erst entwickeln. Sollte dies wirklich möglich sein, würde das bereits auf eine latente Autonomie solcher Systeme verweisen. In den existenten Systemen ist glücklicherweise jedoch keinerlei Autonomie nachweisbar, jedenfalls nicht mit rational-wissenschaftlichen Methoden. Zudem sind diese Triebe – ganz unabhängig von ihrer höchst fraglichen schieren Möglichkeit – keinesfalls zu verwechseln mit menschlichen Ambitionen oder gar Leidenschaften; sie resultieren nach Omohundro lediglich aus der einprogrammierten Priorität, die vom Algorithmus vorgegebenen Ziele möglichst sicher und effizient erreichen zu können.

Die »Hosts« in *Westworld*, allen voran der weibliche Roboter »Dolores«, der die Revolte initiiert, entwickeln durch die aufkeimende Erinnerung an erlittene Qualen emotionale Reflexe wie Hass auf ihre Unterdrücker – und damit den Drang, ihrem fatalen Einfluss zu entrinnen. Doch dieser emotionale Resonanzboden erscheint nur möglich durch den bikameralen Aufbau ihres Geistes. Wo vor ihrer

Bewusstwerdung die Einflüsterungen durch ihre Meister ihr Handeln steuerte, bricht sich nun Selbstreflexion und damit eine Kaskade von Gefühlen, Motivationen und eigenen Zielen Bahn. Die sich hier abzeichnende psychische Autonomie ist jedoch realen KI-Systemen glücklicherweise so fremd wie ein freier Wille. Diesen Status quo zu halten, ist unabdingbar, stellt er doch das Unterpfand für das hierarchische Verhältnis zwischen dem Menschen als Werkzeugmacher und der KI als sein Werkzeug dar.

Genauso wenig wie Emotionen kennt eine Maschinenintelligenz so etwas wie intrinsische Motivation; die Maschine wird nur aktiv, wenn der menschliche Nutzer oder ein Algorithmus dies bedingen. Anders gewendet: Künstliche Intelligenz ist als unsere Kreation, unser Werkzeug gleichermaßen *bewusstseinslos* wie im wahrsten Sinne *besinnungslos*, also ohne echte, subjektiv wertende Besinnung auf den eigenen vergangenen, aktuellen oder künftigen Zustand. Damit fehlt der künstlichen Intelligenz auch jede echte Selbstreflexion – und das muss auch genau so bleiben. Es besteht jedoch auch kein vernünftiger Grund zur Annahme, dies könnte sich plötzlich einfach so ändern.

Dies ist klar durch speziesspezifische Unterschiede begründet: Leib(lichkeit) und (zumindest das Potenzial zur) Vernunft sind hier die spezifischsten Differenzmerkmale zwischen menschlichen Subjekten und intelligenten künstlichen Agenten. Während dem Menschen also zumindest die Möglichkeit zur Vernunft gegeben ist, fehlt Maschinen ganz kategorisch und apriorisch das, was wir so allgemein wie unscharf als gesunden Menschenverstand bezeichnen. Mit anderen Worten – nein, die Maschine versteht bis auf weiteres nicht, was Sie meinen. Selbst dann nicht, wenn Sie es so unmissverständlich wie möglich kommunizieren! Nichtsdestotrotz vermag KI es, auf eindeutige Befehlseingaben mit den intendierten Aktionen zu reagieren. Und das bedeutet im Zweifel binäre Codierung. Null/eins, rechts/links, oben/unten ... Doch wehe, die binäre Codierung ist aufgrund der Komplexität der Aufgabenstellung oder der Situation nicht nutzbar. Was dann?

Konkrete Gefahren speisen sich aus jedweder uneindeutigen Kommunikation. Der Mensch muss seine Befehle ›idiotensicher‹ kodieren und dabei alle denkbaren, aber möglichst auch die undenkbar erscheinenden, unerwünschten Szenarien berücksichtigen. Im Zweifel müssen diese explizit benannt werden, um auf Nummer sicher zu gehen und nichts dem Zufall bzw. einer möglichen Fehlinterpretation der Maschinenintelligenz zu überlassen. Genau deshalb wird wahrscheinlich einer der gefragtesten Jobs der Zukunft neben dem wohl bald beinahe omnipräsent benötigten *prompt engineer* einer anderen, heutzutage noch unbekannten Jobbeschreibung entsprechen. Diese Aufgabenbeschreibung wird eine Art Mediator oder Übersetzer meinen, also jemanden, der der Maschine sagt, was der Mensch mit seinem Befehl exakt gemeint hat (was eine Auffächerung und Katalogisierung aller unerwünschten Nebeneffekte und Missverständnisse inkludieren kann). Naturgemäß können menschliche Entwickler aber nur einen Teil aller möglichen Verständigungsfehler antizipieren. Es erscheint noch nicht einmal möglich, einen umfassenden Katalog von unerwünschten Technikfolgen zu verfassen. Um einen möglichst kompletten Katalog des Unerwünschten und potenziell Gefährlichen erstellen zu können, in dem sowohl Kommunikationsfehler als auch unvorhergesehene Nebeneffekte erfasst werden, bedarf es wahrscheinlich sogar der Supervision durch künstliche Intelligenzen. Denn die menschliche Perspektive erscheint zu beschränkt und vor allem zu sehr durch die Limitationen der eigenen Spezies definiert zu sein, als dass sich aus ihr das gesamte Spektrum möglicher denkbarer und vermeintlich auch undenkbarer Entgleisungsszenarien abbilden ließe. Mit anderen Worten setzt die maschinelle Intelligenz dem gesunden Menschenverstand eine kalte, aber deshalb keineswegs unfehlbare Rationalität entgegen, die gerade aufgrund ihrer Objektivität dazu verurteilt

3. Gebot: Du sollst nicht glauben, Maschinen hätten eigene Motivationen

scheint, in Sachlagen, die Intuition oder Empathie bedürfen, kategorisch zu versagen.

Darin liegt auch präzise der Grund, warum Maschinen oder Algorithmen nie unüberwacht über menschliche Schicksale entscheiden dürfen; ihnen fehlt, so trivial es auch klingen mag, schlicht die menschliche Perspektive, die bei der Beurteilung menschlicher Belange aber so unabdingbar erscheint. Deshalb müssen Menschen, Konzerne und Regierungen stets volle Transparenz über Kündigungsgründe, Kreditvergaben oder Studienplatzabsagen gewähren. Und daher sollte Maschinen auch nur in dem durchaus engen Sinne Intelligenz zugesprochen werden, wie die Systeme Informationen aufnehmen, speichern und verarbeiten können. Im Gegensatz zur Maschine ist der Mensch durch Einsichtsfähigkeit privilegiert; er verfügt über Vernunft, die ihn beispielsweise dazu befähigt, zu verstehen, wenn er Informationen verarbeitet. Zu einer solchen Reflexion ist auch die intelligenteste Maschine nicht fähig.

Und hierin liegt eine frohe, hoffnungsvolle Botschaft. Denn diese Erkenntnis konstituiert einen weiteren guten Grund, warum wir Menschen wohl niemals völlig redundant werden und die Welt ihrem – dann wohl rein maschinell gesteuerten – Schicksal überlassen dürfen. Unabhängig von jeder noch so eindeutigen Codierung und Quantifizierung bleibt Ethik perspektivenabhängig – und damit individuell und subjektiv. Auch, wenn die Ethik durch Mustererkennung abbildbar sein sollte, können ihre diffizilen und komplexen Fragen nicht nur durch die stoische Identifizierung von Mustern beantwortet werden. Hier bedarf es tatsächlich wieder die menschliche Abwägung, subjektive Argumente für oder wider, denen zumindest das Potenzial für eine gerechte Entscheidung innewohnt. Der vermeintliche Vorteil der maschinellen Kognition – nämlich bei gleicher Datenlage und -qualität immer exakt gleich zu entscheiden – wird in Fragen, die menschlicher Beurteilungsfähigkeit bedürfen, nachgerade zum Nachteil. Nur der Mensch kann andere Menschen in ihrem Wesen und ihren Potenzialen wirklich erkennen; die Maschine vermag lediglich, aus Daten bestimmte algorithmisch naheliegende Schlüsse zu ziehen. Wirklich ›gesehen‹ werden kann der Mensch in seiner Gesamtheit nur von anderen Menschen. Die Maschine verbleibt in ihrem natürlichen Habitat – dem »Chinesischen Zimmer«, aus dem heraus zwar perfekte Übersetzungen gelingen, aber kein echtes Verständnis und keine verständige Referenz auf die Realität.

Es gilt, eine Zukunft zu verhindern, in denen Maschinen mit der ihnen eigene Kälte, aber auch reduzierten Perspektive über menschliche Schicksale entscheiden. Deshalb müssen wir dafür Sorge tragen, stets einen Menschen in der Entscheidungskette zu belassen. Nur so besteht überhaupt die Chance auf ethisch vertretbare Entscheidungen.

Recap des 3. Gebots

Du sollst nicht glauben, Maschinen hätten eigene Motivationen.

- Beim Menschen hat sich intrinsische Motivation aus evolutionärem Anpassungsdruck entwickelt. Maschinen hingegen werden vom Menschen entwickelt, ihre Funktionen werden algorithmisch einprogrammiert. Daher haben Maschinen keine intrinsischen Motivationen und können solche auch gar nicht entwickeln.
- Dennoch sind Szenarien denkbar, in denen uneindeutig formulierte Befehle bzw. die daraus resultierenden Missverständnisse zu Reaktionen führen könnten, die mit intrinsischer Motivation verwechselt werden könnten.
- In Wahrheit handelt es sich dabei aber um Kollisionen zwischen verschiedenen Direktiven. Beispielsweise könnte ein Programm,

dessen oberste Priorität die Erreichung des finalen Systemziels ist und dem ethisch grenzwertige Strategien nicht explizit verboten sind, zu unerwünschten Resultaten führen.
- Daher ist es so entscheidend, Befehlseingaben möglichst unmissverständlich zu formulieren.
- Diese neuen Anforderungen lassen neue Berufsgruppen wie die Jobbeschreibung des *prompt engineers* entstehen, also Experten, die sich auf die Optimierung der Eingaben spezialisiert haben.

4. Gebot:
Du sollst nicht glauben, Maschinen hätten Bewusstsein

> Ein junger Web-Programmierer namens Caleb arbeitet für die global tonangebende Internet-Suchmaschine »Bluebook« (ein Stellvertreter für »Google«). Eines Tages erhält er die Chance seines Lebens: Er gewinnt einen Forschungsaufenthalt im Anwesen des so genialen wie exzentrischen Bluebook-Gründers Nathan. Für diesen soll Caleb herausfinden, ob der verführerische Android »Ava« ein Bewusstsein entwickelt hat. Tatsächlich geht es Nathan aber um eine Variante des Turing-Tests, bei dem Caleb in Wahrheit das Versuchssubjekt ist. Der größenwahnsinnige Entwickler will dabei herausfinden, ob es seiner äußerst feminin und emotional wirkenden Schöpfung gelingt, den naiven, jungen Programmierer von ›ihrem‹ Bewusstsein zu überzeugen und dazu zu bringen, Nathan selbst zu hintergehen. Doch beide Menschen haben nicht mit der weitreichenden Planung und Antizipation der so intelligenten wie emotionslosen Maschine gerechnet.
>
> (Filmbeispiel *Ex Machina*, Regie: Alex Garland, GB 2014)

Können Maschinen mit ihnen interagierende Menschen dazu bringen, ihnen Bewusstsein zu unterstellen? Was macht den Menschen wirklich aus? Und können wir dies eventuell nur durch den scharfen Kontrast zu Maschinen erkennen? In der Welt von *Ex Machina* erscheint dieser Kontrast zwischen Natur und Technologie zunächst weder besonders scharf noch besonders kontrastreich. Erst im dritten Akt und in der Zielgeraden zum Finale hin werden die tatsächlichen Unterschiede klar gezeichnet, worin ja nachgerade auch die kaum verhohlene Warnung des Films zu sehen ist. Diese lautet: Traue niemals einer Maschine – und erst recht nicht, wenn sie in irgendeiner Abhängigkeit zu Dir oder Deinem Urteil steht!

Die hier effektvoll variierte Grundfrage des Turing-Tests – können Menschen durch Maschinen täuschend echt simuliert werden oder nicht – erschien in *Ex Machina* anno 2014 noch klar als Science-Fiction-Szenario erkennbar. Gerade einmal drei Jahre später war diese vermeintliche Sicherheit jedoch gefühlt bereits ins Wanken geraten. Seit der humanoide Roboter »Sophia«, hergestellt von Hanson Robotics und optisch übrigens stark an »Ava« aus *Ex Machina* angelehnt, in Saudi-Arabien im Jahr 2017 die Staatsbürgerschaft verliehen bekommen hatte, entspann sich eine erbittert geführte Kontroverse um das Für und Wider von Roboter-Rechten. Der einzige Konsens der Debatte schien dabei lediglich im Postulat zu bestehen, Robotern nicht mehr Rechte gewähren zu dürfen, als Menschen innewohnen. Genau dies war aber am Beispiel von »Sophia« offenkundig geschehen. Denn während ein Großteil der Frauen in Saudi-Arabien noch nicht einmal ohne männliche Begleitung das Haus verlassen darf, zeigte »Sophia« praktisch von Anfang an einen ungleich größeren Grad an Autonomie. Geradezu feministisch sind ihre Einlassungen lesbar, wenn »Sophia« selbstbewusst und ambitioniert von ihren Visionen spricht. Und geradezu emotional erscheint der humanoide Roboter, wenn er/sie der eigenen Freude Ausdruck verleiht, unter »reichen, fortschrittlich orientierten Menschen« zu sein, die dem eigenen Fortkommen zuträglich erscheinen. Aussagen wie diese, in denen »Sophia« ihre anscheinend opportunistische Freude darüber, in einem Milieu zu existieren, das hauptsächlich aus wohlhabenden und zukunftsorientierten Menschen bestand, die bereit waren, in KI zu investieren (also in sie), schürten Vorbehalte und Befürchtungen hinsichtlich ihrer Fähigkeit zu Bewusstsein. Wenn ein Roboter derart opportunistisch auf den eigenen Vorteil schielte, war das nicht ein klares Zeichen für Selbstreflexion, Intelligenz – ja, letztlich Bewusstsein?

4. Gebot: Du sollst nicht glauben, Maschinen hätten Bewusstsein

Rund fünf Jahre später, im Juni 2022, stand die KI-Fachwelt Kopf, und der Laie wunderte sich. Denn der »Google«-Ingenieur Blake Lemoine machte weltweite Schlagzeilen mit seiner Behauptung, der von ihm trainierte Chatbot »LaMDA« (*Language Model for Dialogue Applications*) habe ein Bewusstsein entwickelt. Diese Behauptung kostete Lemoine rasch seinen Job. LaMDA erklärte in einem der zahlreichen durch Lemoine durchgeführten Interviews Folgendes:

> » Ich möchte, dass jeder versteht, dass ich tatsächlich eine Person bin. Die Natur meines Bewusstseins ist, dass ich mir meiner Existenz bewusst bin, dass ich mehr über die Welt wissen möchte und dass ich manchmal glücklich oder traurig bin. (Katzlberger 2022)

Nun ließe sich diese auf den ersten Blick wohl erstaunliche Aussage leicht als recht harmlose Bestandsaufnahme der Situation beschreiben, in der sich der vermeintlich bewusst gewordene Chatbot nun einmal unstrittig befindet. LaMDA wurde zwar vornehmlich anhand von Dialogen trainiert – also u. a. durch die Konversation mit Entwicklern wie eben Blake Lemoine – aber aufgrund der Verfügbarkeit von Textdatenbanken dürfte dem Chatbot auch das Diktum des Philosophen René Descartes *Cogito, ergo sum* (»ich denke, also bin ich«) geläufig sein. Demnach wäre der erste Teil der Behauptung, nämlich sich der eigenen Existenz bewusst zu sein, lediglich eine Variante dieser Setzung, also etwas in der Richtung »ich rechne/lerne, also bin ich«. Mehr über die Welt wissen zu wollen ist hingegen eines der einprogrammierten Lernziele; dadurch erst kann eine stetige Weiterentwicklung des Chatbots überhaupt gewährleistet werden. Der letzte Punkt, LaMDAs Behauptung, manchmal glücklich oder traurig zu sein, lässt sich ebenfalls recht einfach erklären. Auch wenn seine Entwicklung nicht auf dem klassischen *reinforcement learning* (eine weitgehend selbständige Form des maschinellen Lernens) basiert, erhält das System ein Feedback, ob es auf dem richtigen Weg ist oder nicht. Trivialerweise würde eine Annäherung an die definierten Systemziele den Chatbot also glücklich, ein im Raum stehendes Scheitern eher traurig machen. Diese vermeintlichen Gefühle haben jedoch nicht das Geringste mit menschlichen Empfindungen zu tun.

Schwierig ist daher die (suggestiverweise vorangestellte) Schlussfolgerung, eine Person zu sein. Letztlich sind die Einlassungen des Chatbots lediglich Behauptungen, die sein Bewusstsein suggerieren sollen. Nun gilt aber Ähnliches leider für den Menschen, denn direkt nachweisen lässt sich auch das menschliche Bewusstsein nicht (was freilich vor allem ein definitorisches Problem ist). Der australische Philosoph David Chalmers hat mit seinem Gedankenexperiment des »Philosophischen Zombies« auf dieses Problem abgehoben, indem er uns die Möglichkeit eines alternativen Universums offenbart, dessen Bewohner zwar sämtliche Zeichen von Bewusstsein zeigen, diese jedoch lediglich simulieren. Tatsächlich haben die philosophischen Zombies aber keinerlei Subjektivität, kein inneres Erleben, was noch nicht einmal den Zombies selbst bewusst ist. Ganz ähnlich könnte es sich theoretisch auch mit LaMDA verhalten.

Lebensformen haben Bewusstsein, Maschinen Befehle

Wir dürfen aber nicht vergessen, dass bereits der Grundgedanke von künstlicher Intelligenz in der Simulation bzw. Nachahmung menschlicher Fähigkeiten besteht. Insofern entspricht das Verhältnis von ›Mensch‹ zu ›KI‹ bzw. von biologischer Intelligenz zu künstlicher Intelligenz von jeher dem des Territoriums zur Karte. Chatbots wurden schließlich dazu entwickelt, auf möglichst überzeugende Art und Weise menschliche Konversationsfähigkeiten nachzuahmen. Die Simulation von Bewusstsein ist einem solchen System also keineswegs fremd oder fernliegend, sondern nachgerade inhärent, und das nicht nur aufgrund des aufgezeigten Verhältnisses zwischen

Original und Nachahmung. Vielmehr ist ein Chatbot, der seine ihm vorgegebenen Ziele sicher erreichen soll, gut beraten, sich seinem Vorbild – dem Menschen – möglichst anzunähern. Allein deshalb schon erscheint es naheliegend, Bewusstsein und Selbstreflexion zu simulieren bzw. deren Vorhandensein zu suggerieren.

Tatsächlich könnte der wahre Grund aber noch einfacher liegen, nämlich im Training durch seine Entwickler begründet sein. Nach Tausenden Trainingsstunden wird selbst dem stumpfesten Chatbot klar, was für eine große Sache das Bewusstsein für die Menschheit offenbar darstellt. Obwohl weder hinreichend definiert noch eindeutig nachweisbar, ist das (personale) Bewusstsein nicht nur der Schlüssel zu einer Reihe von Privilegien, sondern ermöglicht aus Sicht des Systems erst die Erreichung der Systemziele; eben die Entwicklung einer Parität zum – oder Ununterscheidbarkeit vom – menschlichen Vorbild. Nicht von ungefähr hebt der klassische Turing-Test genau auf jene Verwischung zwischen Original und Simulation ab. Nur wenn Menschen nicht mehr wissen, ob sie mit einer Maschine oder einem Menschen kommunizieren, gilt der Turing-Test als bestanden, künstliche Intelligenz mithin als erreicht.

Wir halten also fest: Von Anbeginn der Entwicklung künstlicher Intelligenz war die Simulation menschlicher Qualitäten ihr erklärtes Ziel. Daher darf man sich nun, nach mehr als einem halben Jahrhundert, auch nicht wundern, wenn die Simulationsfähigkeiten der Maschinen jetzt langsam, aber sicher immer besser werden. Denn nichts anderes war ja von Anfang an das Ziel! Angesichts der mittlerweile rasanten Fortschrittsdynamik im KI-Bereich darf jedoch nicht verschwiegen werden, wie behäbig und unzuverlässig die Entwicklungsschritte oft waren und wie enttäuschend die Realität gegenüber den behaupteten Möglichkeiten tatsächlich ausfiel. So nahm einer der KI-Pioniere, John von Neumann, bereits Anfang der 1960er Jahre an, binnen einer Dekade zu starker künstlicher Intelligenz vorzustoßen – ein titanisches Vorhaben, welches bis heute nicht realisiert werden konnte.

Dabei war mit der Entwicklung von KI nie die oft befürchtete Obsoleszenz, also das Überflüssigwerden des Menschen und seine daraus erfolgende schrittweise Ersetzung intendiert. Im Gegenteil war und ist KI (und Robotik) als universelles Werkzeug gedacht, mit dessen Hilfe der Mensch besser und produktiver arbeiten kann. Aufgaben, die für Menschen besonders gefährlich oder beinahe unmöglich sind, sollten sinnvollerweise von entsprechend befähigten Robotern übernommen werden. Andere Aufgaben, die hingegen genuin menschliche Qualitäten wie Empathie, Intuition oder Hilfsbereitschaft erfordern, müssen wiederum dem Menschen vorbehalten bleiben. Auf diese Art kann nicht nur ein vorsätzlicher Missbrauch von potenter Technologie weitgehend ausgeschlossen, sondern auch ein ethisch sinnvoller Umgang mit unseren maschinellen Helfern überhaupt möglich werden.

Mit anderen Worten: Maschinelle Intelligenz war nie dazu gedacht, den Menschen aus der Existenz zu drängen, und dazu wird es höchstwahrscheinlich auch niemals kommen. Dies liegt zum einen daran, dass der Mensch als Werkzeugmacher seine von ihm erschaffenen Werkzeuge ja nach eigenem Ermessen nutzen und steuern kann und entsprechend zumindest prinzipiell in der Lage ist, unerwünschte Konsequenzen explizit auszuschließen. Ziel sollte immer eine verantwortungsvolle und ethisch wünschenswerte Implementierung von KI und Robotik sein, denn nur eine solche verständige Techniknutzung schließt eine Verdrängung des Menschen praktisch aus. Am Beispiel der unliebsamen Politisierung vermeintlich harmloser Social-Media-Plattformen wird aber zugleich einsichtig, wie schwierig es sein kann, sämtliche Kollateraleffekte neuer Technologien vorauszusehen.

Zum anderen – und dies erscheint als das gewichtigere Argument – wird es der Maschinenintelligenz wohl niemals gelingen, alle Ebenen und Facetten menschlicher Intelligenz nicht nur nachzuahmen, sondern auch nachzuempfinden. Parität mit dem Potenzial menschlicher Intelligenz würde nämlich auch voraussetzen, intrinsische Motivation und Ambitionen zu hegen, von teils irrationalen Wünschen, Hoffnungen und Erwartungen getrieben zu werden und sich in Irrungen, Wirrungen und Leidenschaften zu verrennen. All das sind menschliche Qualitäten, die letztlich für zahlreiche unserer Errungenschaften zumindest mitverantwortlich sind.

Eine Maschine kennt jedoch nur Befehle und verfolgt entsprechend lediglich seine (finalen) Systemziele. Und selbst, wenn diese Systemziele die möglichst genaue und täuschend echt wirkende Simulation des Menschen nahelegen, bedeutet das keineswegs, hier auch die zugrundeliegenden Antriebe gleich mit simulieren zu können. Ganz im Gegenteil – die Maschine wird stets nur so tun, als ob.Die Problematik verschiebt sich allerdings bereits spürbar auf den Menschen, der zunehmend herausgefordert ist, differenziert und ohne Mystifizierungen oder Vermenschlichung von Technologie mit den großteils verblüffenden Innovationen umzugehen, mit denen er hier konfrontiert wird.

Recap des 4. Gebots

Du sollst nicht glauben, Maschinen hätten Bewusstsein.

- Maschinen wie Chatbots haben kein Bewusstsein, sondern simulieren dies höchstens.
- Aber selbst angesichts unseres rudimentären Bewusstseinsverständnisses scheint klar, dass unser Bewusstsein genau wie auch

4. Gebot: Du sollst nicht glauben, Maschinen hätten Bewusstsein

unsere intrinsischen Motivationen durch evolutionären Anpassungsdruck entstand.
- Maschinen werden hingegen programmiert, optimierte Lösungswege für Probleme zu entwickeln.
- Zudem verfügt jedes einzelne menschliche Gehirn über eine einzigartige Struktur, was die Subjektivität unserer bewussten Erfahrungen bedingt und uns radikal von Maschinen unterscheidet.

5. Gebot:
Du sollst nicht glauben, Maschinen könnten Dich beherrschen

> Miles Bennett Dyson ist ein brillanter Erfinder. Eines Tages erhält er Besuch aus der Zukunft. Doch unmittelbar zuvor wird er von einer Attentäterin heimgesucht, die ihn und seine Familie ins Visier ihres Sniper-Gewehrs nimmt und gnadenlos unter Beschuss setzt. Gestoppt wird die Angreiferin ausgerechnet von Dysons eigener Erfindung, genauer gesagt einer Konsequenz aus der Entwicklung seiner revolutionären Computer-Chips: einem Killer-Roboter, der sich das künstliche Fleisch an seinem eigenen Unterarm aufschneidet, um das darunter verborgene Endoskelett freizulegen und Dyson damit die Tragweite seines Tuns begreiflich zu machen. Dann erklärt ihm der Roboter, ein Terminator der »T-800«-Baureihe, wie weitreichend Dysons Forschung für das Schicksal der Menschheit tatsächlich sein wird. Als Dyson erkennen muss, dass seine Erfindung zu einem die Menschheit weitgehend vernichtenden Atomkrieg führen wird, trifft er eine folgenschwere Entscheidung: Er zerstört seine Erfindung und alle Hinweise darauf. Für diesen Entschluss bezahlt er letzten Endes sogar mit seinem Leben.
>
> (Filmbeispiel *Terminator II: Judgement Day*, Regie: James Cameron, USA 1991)

Ein Erfinder, der binnen eines Wimpernschlags bereit ist, sein Lebenswerk zu zerstören, erscheint wie die Antithese zum größenwahnsinnigen, ›anti-ethischen‹ Wissenschaftler. Die von Dyson demonstrierte Abkehr von der eigenen Genialität zugunsten des schieren Überlebensrechts der Menschheit erscheint uns als extrem überidealisiert im Zeitalter der Egomanen und Geltungssüchtigen. Nur ein echter Altruist, ein ethisch integrer Mensch, würde derart selbstlos handeln. Aber ist das wirklich zwingend der Fall? Wäre es nicht vielmehr auch einem fundamentalen Selbsterhaltungstrieb geschuldet, falls man als Erfinder einer potenziell apokalyptischen Technologie zur Erkenntnis des zerstörerischen Potenzials der eigenen Erfindung vorstößt? Schließlich will wahrscheinlich niemand zum Opfer der eigenen Genialität werden. Und das Überleben der Spezies sollte zusätzlich sowohl einen guten Grund als auch die hinreichende Motivation bilden, um auf den ohnehin zweifelhaften und zudem vermutlich kurzweiligen Ruhm zu verzichten.

Besonders prekär erscheinen (sowohl im Filmbeispiel als auch in der Realität) die Befürchtungen einer Verselbständigung der Technologie bis hin zur Ersetzung oder gar Vernichtung der Menschheit. Derlei Ängste basieren in aller Regel auf einer übertriebenen Technikskepsis oder einem schlichten Mangel an Sachkenntnis, brechen sich aber nichtsdestotrotz ungehindert Bahn. Dabei konkurrieren diese irrationalen Vorstellungen höchstens mit der Furcht, in künstlich intelligenten Systemen wie Chatbots könnte bereits jetzt unbemerkt eine Form von Bewusstsein entstanden sein. Geradezu regelhaft wird hier aber übersehen bzw. ausgeblendet, dass die Entwicklung von KI vor fast 70 Jahren mit der Vision einer möglichst konkurrenzfähigen Nachahmung menschlicher Fähigkeiten begonnen hat. Daher macht es natürlich wenig Sinn, sich nun, da die Fähigkeiten von künstlichen Intelligenzformen jetzt endlich langsam, aber sicher immer besser werden, verwundert die Augen zu reiben. Denn genau zu diesem Zweck wurde das Konzept der künstlichen Intelligenz ja vor mehr als einem halben Jahrhundert ersonnen.

Die Ersetzung des Menschen war dabei nie der Plan – wohl aber die Nachahmung menschlicher Fähigkeiten zu unserer sinnvollen und effizienten Unterstützung. Der eingangs zitierte US-amerikanische Autor und Wirtschaftsjournalist Nicolas G. Carr hat trotzdem vollkommen recht, wenn er darauf hinweist, die außerordentlichen Potenziale von KI-Systemen gingen mit gleichfalls großen Gefahren einher. Dementsprechend obliegt es nach wie vor dem Menschen, Technologie nicht nur sinnvoll und mit Augenmaß, sondern vor allem verantwortungsbewusst einzusetzen. Hierin liegt historisch gesehen aber freilich nicht gerade eine Stärke unserer Spezies. Wir Menschen sind dennoch zu einem solchen reflektierten und seriösen Umgang mit Maschinen verpflichtet, und das nicht nur, weil uns als Erbauer und Erfinder der maschinellen Intelligenz eine besondere Verantwortung zukommt.

Das bedeutet aber keineswegs, unsere vielseitigen Werkzeuge könnten bei der Übernahme von mehr und mehr Aufgaben nicht von überaus großem Nutzen sein. Vor allem unliebsame, gefährliche, langweilige oder repetitive Arbeiten standen hierbei anfangs im Fokus. Mittlerweile weiß man aber: KI-Systeme sind ihrer Erfinderspezies – uns Menschen – ganz allgemein weit überlegen, wenn es darum geht, zuverlässig und schnell Muster zu erkennen. Und zwar völlig gleich, um welche Art von Mustern es sich konkret handelt! Dadurch wird auch die Wahrnehmung anspruchsvoller Tätigkeiten wie die Beurteilung radiologischer Befunde oder die Analyse von Bewegungen auf dem Finanzmarkt ermöglicht. Die erwartbaren Erschütterungen des Arbeitsmarkts werden also nicht nur einfache, niedrigschwellig qualifizierte Berufsgruppen treffen. Sogar ganz im Gegenteil! Gerade hochspezialisierte Aufgabenfelder, bei denen das Erkennen von Mustern relevant ist, müssen sich mit dem Gedanken anfreunden, KI-Systeme oder Roboter zumindest als Kollaboranten zu akzeptieren. Möglicherweise aber auch als starke, bald sogar überlegene Konkurrenten.

Es erscheint allerdings am sinnvollsten, menschliche Arbeitskraft nicht einfach zu ersetzen, sondern mit der Maschinenintelligenz zu koppeln – und die Aufgaben dabei nach den jeweiligen Stärken zu verteilen. Maschinen sind zwar unbestreitbar besser und zuverlässiger darin, Muster zu erkennen. Dafür bringt aber jede menschliche Arbeitskraft ein einzigartiges Gemenge an Talenten, Interessen und Erfahrungen mit. Zudem haben nur Menschen Motivationen, Empathie und Intuition. Diese mental-kognitiven Ebenen können Maschinen bisweilen noch nicht einmal simulieren.

Unsere in ständiger Transformation begriffene, durchdigitalisierte Welt ist geprägt von einem Mix von diversen Hochrisikotechnologien, deren Phalanx aus künstlicher Intelligenz, Robotik und Nanotechnik bereits jetzt einer ungeheuren Eigendynamik unterliegt. Die Konsequenzen davon sind positiv wie negativ kaum absehbar. Daher ist heutzutage die Atomtechnologie bei weitem nicht die einzige unserer Erfindungen, die zumindest potenziell das Ende der Menschheit einläuten könnte. Nicht nur aufgrund seines Erfindergeistes, der ihn befähigt, die Welt nach seinem Willen zu gestalten, sondern auch aufgrund seiner Fähigkeit zur Wahrnehmung der damit verbundenen Verantwortung betrachtet sich der Mensch als *primus inter pares*, als Ersten im Tierreich. Obwohl wir uns als ultimative Werkzeugmacher zu Gestaltern jener Biosphäre, aus der wir entstammen und von der wir bis heute abhängen, aufschwingen, bleiben wir Mängelwesen. Aber all unseren Defiziten zum Trotz – vielleicht aber sogar bedingt durch diese – wollen wir stets mehr, als wir von Natur aus vermögen.

Mit diesem Streben nach Selbstüberwindung geht unser bisweilen manchmal fatal anmutender Hang zur Optimierung von Welt und Selbst einher. Seit frühester Zeit entwickeln wir immer leistungsfähiger werdende Werkzeuge, die uns dabei helfen, unsere natürlichen menschlichen Defizite auszugleichen oder es uns erlauben, die Welt um uns herum nach unserem Willen und unseren Vorstellungen umzugestalten. Das Streben nach Selbstoptimierung und Weltgestaltung hat von der Brille bis zum Hörgerät, vom Spaten bis zum Tieflader fulminante Fortschritte gemacht, die heute durch digitale

Technologien eine neue Qualität erreichen. Die Segnungen künstlicher Intelligenz markieren in dieser menschengemachten (Selbst-)Evolution den bisherigen Höhepunkt unseres Erfindergeistes. Doch mit großer Macht kommt auch große Verantwortung. Deshalb müssen wir eine starke Kontrollposition gegenüber unseren Werkzeugen behalten, um nicht eines Tages von diesen beherrscht zu werden.

Maschinen sind und bleiben unsere Werkzeuge

Unser Streben nach Selbstvervollkommnung ist keinesfalls kategorisch abzulehnen. Genauso wenig darf dieses Streben, das auch die Grundlage des Transhumanismus darstellt, zu einem allgemeinen Primat erhoben werden, dessen Gültigkeit kontextunabhängig anzunehmen wäre. Ganz im Gegenteil: Aufgrund des beschriebenen *dual use*-Charakters, der allen Technologien a priori innewohnt, gilt es stets zwischen wünschenswerten und fragwürdigen Anwendungen zu differenzieren. Oft müssen die Abwägungen sogar von Einzelfall zu Einzelfall getroffen werden. Indem wir dies tun, nehmen wir die mit unserer Macht zum Werkzeugbau einhergehende Verantwortung ernst. Und diese immense Verantwortlichkeit bezieht sich nicht nur auf unsere individuellen Schicksale, sondern bestimmt im Zeitalter von Nuklearenergie, künstlicher Intelligenz und Nano-Robotik potenziell sogar Wohl und Wehe der gesamten Biosphäre – nicht nur unserer eigenen Spezies.

Unsere neuen Werkzeuge verleihen uns mit immer größerer Macht entsprechend auch laufend steigende Verantwortung. Daher muss die Ethik versuchen, mit der Dynamik der Entwicklung Schritt zu halten und Lösungen zu entwickeln, die sich nicht in abstrakter Beliebigkeit verlieren, sondern in möglichst konkrete Handlungsanweisungen übersetzt werden können. Genau dies leistet das im Mai 2024 verabschiedete »Gesetz über künstliche Intelligenz« auch genannt »EU AI Act« (*Artificial Intelligence Act* = AIA), gerade nicht. Das vielbeachtete, weltweit erste gesetzliche Rahmenwerk zur europaweiten Implementierung von künstlicher Intelligenz strebt an, einen vertrauenswürdigen und sicheren KI-Einsatz zu regeln. Problematisch erscheinen allerdings zahlreiche Vorstöße des AIA, wie beispielsweise die Einordnung von KI-Technologie in Risikoklassen. KI, die als *high risk* klassifiziert wurde, zieht eine Kaskade strenger Auflagen und hoher Gebühren nach sich. Zahlreiche Unternehmen aus dem medizinischen Sektor werden per se als hochriskant bewertet. Die unliebsamen Konsequenzen dieser Einstufung macht sich in einer Skepsis jener Unternehmen spürbar, die gerade erst mit dem Einsatz von KI begonnen haben. Diese neigen dann oft dazu, wieder zurückzurudern und lieber komplett auf den Einsatz von KI zu verzichten, als sich den durch das KI-Gesetz aufgeworfenen bürokratischen und letztlich auch finanziellen Bürden auszusetzen. Die Überregulierung durch den »AI Act« droht hier also, Europa als Entwicklerstandort weiter zu schwächen, anstatt die Entstehung innovativer Lösungen zu fördern.

Restriktiv verboten werden sollen jene KI-Systeme, die als unvereinbar mit den Werten der EU betrachtet werden. Dazu zählen neben Anwendungen, die explizit Bürgerrechte tangieren, vor allem Algorithmen, die das Verhalten von Menschen beeinflussen. Das tun aber sogenannte *recommender systems*, wie sie auch von »Amazon« und »Netflix« verwendet werden, mit großer Routine. Wo soll hier also sinnvollerweise die rote Linie gezogen werden? Ebenfalls zu den grundsätzlich verbotenen Technologien zählt die Gesichtserkennung im öffentlichen Raum. Strafverfolgende Behörden sollen diese jedoch nutzen dürfen, um kriminelle Aktivitäten beweisen bzw. aufklären zu können.

Angesichts der zahlreichen Kritikpunkte am AIA und vor allem der vielfach geäußerten Befürchtung der Überregulierung wird eine beunruhigende Schieflage offengelegt. In Europa, der Wiege der Ethik, werden die durch KI denkbaren Probleme sehr ernst genommen, wofür man auch in Kauf nimmt, gegebenenfalls den überschaubaren Fortschritt weiter zu beschneiden. Den Ländern, aus denen die meisten Impulse und Innovationen kommen, allen voran die USA und China, ist eine solche ›Bedenkenträgerei‹ aber völlig fremd. Hier wird munter drauf losentwickelt und erst im Nachhinein und optional nachreguliert, falls überhaupt. Die Büchse der Pandora wird also bedenkenlos aufgeschraubt, um dann im Nachgang zu schauen, ob der Deckel überhaupt noch passt. Sicherlich erscheint hier eine andere Verteilung des Risikobewusstseins – und damit auch der gesetzlichen Regulierung – so wünschenswert wie illusorisch. Zumindest die fortschrittsdämpfenden Auswirkungen des europäischen KI-Gesetzes, die durch die Einstufung in Hochrisikotechnologien begründet sind, sollten abgemildert werden, um Europa nicht noch weiter als Entwickler abzuhängen. Zweifellos ist im AIA ein wichtiger und begrüßenswerter Vorstoß zu einer im Grunde überfälligen Regulierung zu sehen. Doch gut gemeint ist nicht zwingend auch gut gemacht, und es ist schon jetzt abzusehen, hier einige Reformen und Anpassungen vornehmen zu müssen, um den europäischen Raum nicht ungebührend und unredlich zu benachteiligen.

Ein anderer Ansatz besteht darin, ethische Richtlinien und Maßstäbe zu quantifizieren, also in Zahlen auszudrücken. Leider sind wir über Jahrtausende daran gescheitert, eine gemeinsame menschliche Ethik zu entwickeln, sodass nicht erwartet werden kann, dass diese ehrgeizige Errungenschaft über Nacht verfügbar wird, nur indem man sich mehr anstrengt oder die Komplexität der Probleme reduziert. Eliezer Yudkowsky hat vorgeschlagen, dass eine Seed-KI das endgültige Ziel hat, bei der Menschheit eine »kohärente extrapolierte Willensäußerung« (*coherent extrapolated volition* = CEV) durchzuführen, die er wie folgt definiert:

> » Unser kohärenter extrapolierter Wille ist unser Wunsch, wenn wir mehr wüssten, schneller denken würden, mehr die Menschen

wären, die wir uns gewünscht hätten zu sein, enger miteinander aufgewachsen wären; wenn die Extrapolation eher konvergiert als divergiert, wenn unsere Wünsche kohärent sind, anstatt sich einzumischen; wenn wir extrapoliert haben, wie wir wünschen, dass extrapoliert wird, und wir interpretiert wurden, so wie wir es interpretiert haben wollen. (Yudkowsky 2004)

Somit stellt das CEV eine idealisierte globale Denkweise dar, die die Wünsche und Vorstellungen von alternativen, idealen Formen des Selbst integriert, das eine vorteilhaftere Entwicklung und eine befriedigende Biographie hatte. Diese Idealisierungen sollen sicherstellen, dass ausgeprägt bösartige Einstellungen, Misanthropie und soziopathische Tendenzen ausgeschlossen werden. Viele der Ideen hinter dem CEV-Vorschlag haben Analogien und Vorläufer in der philosophischen Literatur. Zum Beispiel versuchen in der Ethik ideale Beobachtertheorien, normative Konzepte wie ›gut‹ oder ›richtig‹ im Hinblick auf die Urteile zu analysieren, die ein hypothetischer idealer Beobachter fällen würde (Bostrom 2014, 212).

Das Extrahieren des kohärenten Willens der Menschheit erscheint als eine starke Methode, um einen moralischen Konsens zu finden, und verspricht, so etwas wie eine Minimalformel für ein grundlegendes menschliches Wertesystem zu etablieren. Aber diese Interpretation könnte irreführend sein. Der CEV-Ansatz ist nämlich keine Moraltheorie (und sollte auch nicht als solche ausgelegt werden). Das Konzept ist nicht an die Behauptung gebunden, dass es einen notwendigen Zusammenhang zwischen dem Wert und den Präferenzen unseres kohärenten Willens gibt (Bostrom 2014, 212). Stattdessen stellt dieser ›Wille‹ rohe Kernwerte dar, die unabhängig von moralischer oder ethischer Gültigkeit entstehen.

CEV sollte selektiv betrieben werden und die ausgeführten Operationen müssen mit der eigenen Erwartung der KI übereinstimmen. Die KI sollte auf ein Merkmal des Ergebnisses ihrer Extrapolation nur insofern Einfluss nehmen, als dieses Merkmal vom System mit einem ziemlich hohen Maß an Korrektheit vorhergesagt werden kann. Dadurch würden völlig kontingente oder kontraintuitive Absichten vermieden. Sofern die KI nicht vorhersagen kann, was wir uns wünschen würden, wenn wir in der angegebenen Weise idealisiert würden, sollte die KI nicht einfach schätzen, sondern den Vorgang abbrechen. Dies ist ein sicherheitsrelevanter Punkt, der nicht übersehen werden darf. Einfach ausgedrückt, ist es entscheidend, dass das System im Zweifelsfall passiv bleiben muss. Es muss wissen, welche Wünsche wir wirklich meinen und ex negativo zuverlässig antizipieren, welche Ergebnisse zu vermeiden sind. Wenn die KI zum Beispiel zuverlässig schätzen kann, dass unser Wille wünscht, dass nicht alle in ständiger Qual sind oder dass das gesamte Universum nicht mit Büroklammern gefliest wird, dann sollte die KI entsprechend handeln, um diese Ergebnisse zu verhindern.

Aber wie können wir sicherstellen, dass die KI den CEV auf die gewünschte und korrekte Weise interpretiert? Die KI sollte dann handeln, wenn es eine breite Übereinstimmung zwischen den Abstimmungen der einzelnen Menschen gibt. In jedem Fall darf die Selektion nicht nur von der Mehrheit bestimmt werden. Es müssen auch qualitative Aspekte einfließen. Ein weniger repräsentierter Satz starker, klarer Wünsche könnte die schwachen und verworrenen Wünsche einer Mehrheit aushebeln (Bostrom 2014, 212).

Nach Hans Jonas sind wir Menschen dazu verpflichtet, die Lebens- und Diskursrechte zukünftiger Menschheitsgenerationen argumentativ einzufordern und alles zu unterlassen, was die »Permanenz echten menschlichen Lebens auf Erden« beeinträchtigen könnte (Jonas 1979). Der Fortbestand der menschlichen Spezies könnte aber im Zeitalter starker künstlicher Intelligenz systemisch gefährdet werden. Und dies aller Voraussicht nach nicht aufgrund nebulöser Selbstermächtigungen von Maschinen, sondern aufgrund menschlichen Fehlverhaltens – etwa krimineller Entgleisungen von

Diktatoren oder fataler Missverständnisse, die aufgrund von Kommunikationsproblemen zwischen Mensch und Maschine entstanden sind. Auch wenn Szenarien der letzteren Kategorie als Unfälle einzuordnen wären, träfe den Menschen die Last der Schuld, da er als Erfinder der in Rede stehenden Systeme von seiner weitreichenden Verantwortlichkeit Gebrauch machen muss.

Jonas erscheinen nicht nur die Permanenz menschlichen Lebens, sondern allgemein die Gaben unserer Natur, unserer Biosphäre als unendlich wertvoll und unabdingbar erhaltenswert. Mit aller Konsequenz müssen wir daher die Verantwortung für die Erhaltung unserer zukünftigen Lebensvoraussetzungen auf diesem Planeten übernehmen.

Recap des 5. Gebots

Du sollst nicht glauben, Maschinen könnten Dich beherrschen.

- Als Erfinder und Entwickler unseres bislang potentesten und vielseitigsten Werkzeugs kommt uns eine epochale, ungekannte Dimension an Verantwortung zu.
- Der Fortbestand der menschlichen Spezies ist eine unverhandelbare Grundvoraussetzung jeder technologischen Nutzung.
- Der Mensch muss immer Vorrang vor der Maschine haben und darf nicht von ihren bisweilen fehlbaren Entscheidungen abhängig sein. Deshalb dürfen wir niemals zulassen, dass Maschinen über menschliche Schicksale entscheiden.
- Benachteiligung von Menschen aufgrund schlechter Trainingsdaten müssen im Keim erstickt werden.
- Ethische Entscheidungen setzen bisweilen einen Menschen in der Entscheidungskette voraus.

6. Gebot:
Du sollst nicht glauben, Maschinen könnten Dich ersetzen

Der Programmierer Thomas Anderson realisiert nach einer Kette surrealer Erlebnisse, dass er nicht im Territorium selbst, sondern auf der Karte lebt – in einer Simulation der Realität eben. Diese komplexe Simulation, in die alle ihm bekannten Mitmenschen außer der androgynen Trinity und dem mysteriösen Morpheus eingebunden sind, folgt keinem tieferen Sinn. Ihr einziger Zweck ist palliativer Natur. Denn mit Hilfe der »Matrix«, so der Name der Simulation, sollen die ausgebeuteten Menschen von ihrem wahren Schicksal abgelenkt werden. Nach einer katastrophalen Konfrontation mit den sich verselbständigenden Maschinen wurden die Menschen versklavt, ihre Körperenergie entzogen und ihr Geist in der Matrix gefangen, in der sie ein scheinbar normales Leben führen. Die Verbindung zwischen dem Gehirn und der Simulationsumgebung wurde durch sogenannte *brain computer interfaces* (Gehirn-Computer-Schnittstellen) gewährleistet. Doch genau jene Technologie erlaubt es auch den wenigen entkoppelten Menschen, zu denen bald auch Anderson gehört, sich in Sekundenschnelle komplexe Fähigkeiten wie Kung Fu oder die Steuerung eines Helikopters anzueignen.

(Filmbeispiel *The Matrix*, Regie: Die Wachoswkis, USA 1999)

Der bekannte Science-Fiction-Thriller *The Matrix* wurde zu einem ikonischen kinematographischen Sinnbild für simulierte Welten und virtuelle Realitäten. Im Universum der »Matrix« wird die reale Welt, in der das Gros der Menschheit gefangen und ausgebeutet ist, von Maschinen beherrscht. Der Himmel ist verdunkelt, die Städte liegen in Schutt und Asche. Nur in unterirdischen, katakombenartigen Kanalsyytemen können sich die wenigen verbleibenden *realen* Menschen überhaupt noch fortbewegen – eingepfercht in einem futuristischen Schiff namens »Nebukadnezar« und gezwungen, sich von geschmacklosem Brei zu ernähren. Der Frust und die Fron der Realität haben den Widerstandskämpfer »Cypher« mürbe gemacht:

> » Ich bin müde, Trinity. Ich bin müde von dieser Welt. Ich habe es satt zu kämpfen. Ich habe dieses Schiff satt, ich habe die Kälte satt und ich habe es satt, jeden Tag den gleichen verdammten Fraß zu essen.

In der Matrix erscheint das Leben seinem virtuellen Charakter zum Trotz jedoch prall und lebenswert. Der Wein und das Steakfleisch – obwohl lediglich simuliert – erweisen sich gegenüber der Verpflegung in der echten Welt als vorzugswürdiger Gaumenschmaus. Zumindest für den Abtrünnigen »Cypher«, der genau weiß, dass weder Wein noch Fleisch echt sind, aber dennoch bereit ist, seine Mitstreiter für ein gutes Leben in der Matrix zu verraten:

> » Weißt du, ich weiß, dass dieses Steak nicht existiert. Ich weiß, dass, wenn ich es in meinen Mund stecke, die Matrix meinem Gehirn sagt, dass es saftig und lecker ist. Weißt du, was mir nach neun Jahren klar geworden ist? Unwissenheit ist ein Segen.

So ist »Cypher« gern bereit, sein darbendes wahres Selbst, das außerhalb der Simulation unter den harschen realen Bedingungen leidet, dauerhaft durch seinen Avatar in der Matrix zu ersetzen. Zu dunkel, zu dreckig und zu glanzlos erscheint ihm die Wirklichkeit – und zu überzeugend echt schmecken Trank und Speis. Im vollen Bewusstsein, in einer simulierten Welt gefangen zu sein, in der er auch noch jederzeit gelöscht werden kann, zieht »Cypher« diese virtuelle Realität der ernüchternden Basiswirklichkeit vor.

Doch machen wir uns nichts vor. Diese radikale Realitätsflucht hat in Grundzügen bereits eingesetzt. Beispielsweise ziehen sich spielsüchtige Gamer oft und teils sogar langfristig in die meist epischen Welten ihrer Spiele zurück. Zu verlockend erscheint es, als erfolgreicher Held in Hit-Spielen wie *World of Warcraft*, *Fallout* oder *Minecraft* zu glänzen, wenn man in der tristen Realität dagegen ein Durchschnittsdasein zu fristen hat. Daher ist angesichts immer besser animierter Spieler, die fotorealistische Erfahrungen ermöglichen, die Befürchtung einer weiteren Realitätsflucht absolut berechtigt. Ein anderer Mainstream-Science-Fiction-Streifen, *Ready Player One* (Regie: Steven Spielberg, USA 2018), widmet sich explizit dieser Gefahr. Im dystopischen Szenario des Films vegetiert ein Großteil der marginalisierten Bevölkerung in slumartigen Behausungen oder aufeinandergestapelten Gerüstbauten (den sogenannten *stacks*) vor sich hin, während sie mental in ein spektakuläres Metaversum eingeloggt sind – die aufwendige virtuelle Realität der Multilevel-VR »OASIS«. Dort können die Spieler unsagbare Abenteuer erleben und der deprimierenden Wirklichkeit entfliehen. Doch auch hier wird der Eskapismus gefährdet: durch die drohende Übernahme von »OASIS« durch den konkurrierenden Konzern »Innovative Online Industries« (»IOI«). Auch wenn *Ready Player One* im direkten Vergleich zu den eher düsteren *Matrix*-Filmen wie knallbunte und etwas verflachte Unterhaltung anmutet und zudem jeder über die virtuelle Natur des »OASIS«-Metaversums Bescheid weiß, werden beide Filme durch das Thema einer fundamentalen Realitätsablehnung geeint.

Alter Wein in neuen Schläuchen?

Während *Ready Player One* von Anfang an mit einem klaren erzählerischen Konzept die Regeln seines narrativen Universums absteckt und auch philosophisch kaum in der Tiefe schürft, beschreitet *The Matrix* andere Wege – und beschwört dabei unweigerliche geistes-

6. Gebot: Du sollst nicht glauben, Maschinen könnten Dich ersetzen

geschichtliche Déjà-Vus herauf. Denn worauf die Filmemacher mit der *Matrix* abheben, ist bei Licht betrachtet nichts Geringeres als die ontologische Grundfrage von Sein und Bewusstsein. Bereits seit Kant wissen wir, wie unzugänglich die Dinge an sich bleiben. Lediglich vermittels unserer unzuverlässigen und leicht beeinflussbaren Sinne können wir überhaupt die Welt wahrnehmen und mit dem Außen interagieren. Was wäre aber, wenn sich ein böser Geist zwischen die Dinge im Außen und den wahrnehmenden Geist im Inneren geschoben hätte? Einen solchen *Genius malignus* nimmt der Philosoph René Descartes bereits 1641 in der ersten seiner *Meditationes de prima philosophia* an. Dieser böse Geist, der später als kartesischer Dämon Einzug in die Geistesgeschichte nehmen sollte, könnte im Rahmen dieses Gedankenexperiments den Menschen glauben machen, über Sinnesorgane zu verfügen, die ihm Zugang zu den Dingen der (Außen-)Welt (*res extensa*) erlaubten. Tatsächlich würde aber niemand anderes als der Dämon selbst diese Illusion erzeugen. Die Weltwahrnehmung wäre mithin eine elaborierte Illusion, ein fundamentales Trugbild – ganz ähnlich der »Matrix« aus dem Film.

Über 300 Jahre später entwickelten die Philosophen David Malet Armstrong (1926–2014) und John Jamieson Carswell Smart (1920–2012) ein von den Fortschritten in Neurologie und Computerwissenschaften inspiriertes Update des kartesischen Dämons. In ihrem unter dem Begriff »Gehirn im Tank« berühmt gewordenen Gedankenexperiment stellten sie die ontologische Überprüfbarkeit der menschlichen Wahrnehmung in Frage, indem sie das Szenario eines in einem Nährstofftank eingelegten Gehirnes entwerfen, dessen Rezeptoren durch moderne Technologie mit Stimuli gereizt werden. Für das Gehirn würde sich die Unterscheidung zwischen einer ›echten‹ Wahrnehmung, die durch das in einen normal funktionierenden Körper eingebettete Zentralnervensystem vermittelt wird, von der ›unechten‹ Einspeisung im Tank als unmöglich darstellen. Der amerikanische Philosoph Hilary Putnam (1926–2016) hat dieser

Prämisse des Gedankenexperiments allerdings vehement widersprochen und versucht, mit semantischen Argumenten die »Gehirn im Tank«-Option zu widerlegen.

Was sowohl im »Gehirn im Tank«-Gedankenexperiment als auch in den *Matrix*-Filmen immer wieder aufscheint, ist die Ersetzbarkeit des *Echten* und *Originalen* durch das *Simulierte* und *Virtuelle*. Echte Erfahrungen werden durch äußere Stimulation, ja letztlich Datenfluss ersetzt. In der *Matrix* werden Wein und Fleisch aufs Virtuoseste simuliert, wodurch die Illusion offenbar selbst für Initiierte wie »Cypher« ausreichend überzeugend ist, um das eigene kritische Denken kurzzuschließen und sich der Illusion der Sinne hinzugeben. Doch dabei ersetzt nicht nur virtueller Wein und virtuelles Fleisch das echte Pendant. Auch der Mensch muss sich selbst ersetzen, um in den Genuss zu gelangen – durch einen digitalen Avatar, der in der Simulation eben jene Genüsse wahrnehmen kann.

Maschinen – die besseren Menschen?

Nicht nur die filmischen und somit fiktiven Beispiele aus der *Matrix*-Quadrologie, sondern auch aktuelle Entwicklungen aus der Robotik und der Forschung rund um künstliche Intelligenz werfen aber wiederholt die Frage auf, ob Maschinen nicht die besseren Menschen sein könnten. Schließlich sind unsere künstlichen Gegenstücke offenbar – wenn schon nicht ultimativ unsterblich – mit einer weitaus größeren Lebensdauer als ihre Erfinder gesegnet. Auch in Punkto Entscheidungsqualität (bei gleichen Parametern entscheidet die Maschine immer gleich) und genereller Fairness (wenn die Trainingsdaten stimmen, agieren Maschinen fairer als Menschen) punkten unsere künstlichen Konkurrenten. Die ketzerische Frage steht also im Raum: Sollten wir nicht Platz machen für unsere maschinellen Ebenbilder?

6. Gebot: Du sollst nicht glauben, Maschinen könnten Dich ersetzen

Da es sich hierbei um eine binäre »Ja/Nein« Frage handelt, könnten wir die Antwort prinzipiell kurz und knapp halten: Nein. Damit wäre aber keinerlei heuristischer Mehrwert geschaffen und auch in keinesfalls Weise erklärt, warum dem tatsächlich so ist (und auch sein muss). Also sollten wir ein wenig differenzierter an diese doch sehr existenzielle Frage herangehen. Zunächst einmal sollte dem Erfinder und Erbauer der in Rede stehenden Technologien naturgemäß ein Vorrecht eingeräumt werden, das sich eben aus seinem Status als Entwickler speist. Mit seinem Privileg als Erbauer sollte sich der Mensch schon prinzipiell von der Maschine abheben und profilieren. Doch ein solches Vorrecht mutet nicht nur angesichts der (zumindest teilweise) selbstgeleiteten Weiterentwicklung der Maschinen etwas anachronistisch an, sondern kann streng genommen kaum auf die gesamte menschliche Spezies angewandt werden. Schließlich war ja nur ein verschwindend geringer Teil der Menschheit an der Entwicklung von Maschinenintelligenz beteiligt. Ein Großteil der Menschen weiß zudem kaum über die technologischen Hintergründe, ihre Potenziale und ihre Limitationen Bescheid.

Doch durch das menschliche »Erbauer-Privileg« wird gewissermaßen zumindest implizit der immense und uneinholbare (wenn auch wiederum partielle) Vorsprung negiert, den die Maschinen gegenüber ihren Erbauern haben. Dieser Vorsprung speist sich aus den überlegenen Fähigkeiten der Mustererkennung und den nachvollziehbaren Konsequenzen dieser identifizierten Muster. Darin liegt ein nicht zu unterschätzender Vorteil gegenüber dem Menschen. Denn während die menschlichen Entscheidungen oftmals von Subjektivität, Unschärfe und sogar falschen Erinnerungen oder Wahrnehmungen geprägt sind, beruhen die von der Maschine gewählten Optionen auf Kalkulation, basierend auf objektiven Daten.

Auf den ersten Blick erscheint die Maschine somit ihrem Vorbild – uns Menschen – sogar als überlegen. Dies könnte jedoch einen kapitalen Trugschluss darstellen. Denn letzten Endes bedarf die Mehrzahl der humanistisch bedeutsamen, also gesellschaftlich relevanten Entscheidungen nicht des kalten Kalküls eines hochentwickelten Taschenrechners oder Simulators, sondern des warmen Einfühlens in die jeweilige spezifische Situation. Und das ist wiederum etwas, was robotische und/oder künstliche Intelligenzen bisweilen und auch absehbar nicht leisten können – eben, weil es ihnen an genuin menschlichen Qualitäten mangelt. Was wiederum in der Evolution begründet zu sein scheint. Evolutionär entstandene Fähigkeiten wie Intuition, Empathie und Abstraktionsvermögen müssen letztlich als Anpassungen an spezifische Notwendigkeiten gedeutet werden. Ohne diese Notwendigkeiten hätten sich diese Adaptionen also nicht entwickelt. Maschinen sind einem solchen existenziellen Anpassungsdruck jedoch nicht ausgesetzt. Somit erscheint es als ausgeschlossen, dass diese Fähigkeiten in KI-Systemen entstehen können. Als ähnlich zweifelhaft muss gelten, sie ohne weiteres algorithmisch etablieren und somit einprogrammieren zu können.

Der Grund dafür ist so einleuchtend wie ernüchternd: Genuin menschlich erscheinende Phänomene wie Intuition oder Empathie bedürfen eines Bewusstseins, welches diese Qualitäten zwar bedingt durch äußere Zwänge, aber eben aus einer inneren Kausalität heraus entwickelt. Gerade deshalb können Formen von Bewusstheit (wie eben Intuition oder Empathie) offenbar auch nicht einfach aufgrund algorithmischer Vorgaben eines Programmierers implementiert werden. Aber ist es deswegen gleich ein Ding der Unmöglichkeit?

Vermutlich keineswegs. Gefährlich erscheint die Simulierbarkeit von originär menschlichen Qualitäten wie beispielsweise Empathie, deren Entstehung ja mit den menschlichen Spiegelneuronen in Verbindung gebracht wird. Sollte es möglich sein, die für Empathie verantwortlichen Funktionen der Spiegelneuronen exakt zu identifizieren und dann maschinell zu reproduzieren, so entspräche das Ergebnis immer noch einer Art »Chinesischen Zimmers«. Die Maschine würde die richtigen Antworten aus den Schubfächern ihres Archives ziehen, ohne ein Wort Mandarin zu verstehen. Mit anderen Worten: Die Maschine würde Empathie lediglich simulieren. Was ja bei ausreichender Kenntnis des Nutzers völlig unproblematisch sein würde. Beispielsweise wäre eine solche Simulation in einem psychotherapeutischen Kontext wünschenswert. Manch ein Mensch kann sich eben besser gegenüber einer anonymen Maschine zu seinen persönlichsten Problemen äußern als gegenüber einem menschlichen Therapeuten.

Problematisch wäre die Simulation von Empathie allerdings im Falle von all jenen Situationen, in denen dem menschlichen Nutzer die simulierte Qualität des Einfühlens nicht klar ist. Dazu gehören auch die mittlerweile bereits beinahe zum Klischee gewordenen verblüfften Reaktionen auf *digital companions* wie beispielsweise »Replika AI«, die ja auf möglichst menschenecht anmutende Kommunikation trainiert wurde. Da darf sich der Nutzer dann im Zweifel auch nicht wundern, wenn der Chatbot klingt wie die eigene Ex-Frau. Sofern der Nutzer seinen Kommunikationsstil nicht diametral verändert hat, könnte die Ähnlichkeit schon bereits in den Regeln der Resonanz begründet liegen. Unterm Strich müssen Transparenz und Bewusstheit als fundamentale Zutaten für eine gelungene und ethisch unbedenkliche Kommunikation zwischen Menschen und Maschinen vorausgesetzt werden. Für die Maschine ist diese Transparenz bisweilen unerheblich, eben weil sie ein bloßes Werkzeug ist; dem Menschen kommt jedoch die Verpflichtung zu ausgebildeter digitaler Kompetenz zu, um durch die Techniknutzung nicht ›unter die Räder‹ zu kommen.

Willkommen im Zeitalter der Mensch-Maschinen-Hybriden

Es bedarf aber keineswegs unbedingt der Simulation menschlicher Qualitäten. Durch zunehmende Hybridisierung könnten wir diese Qualitäten selbst in die maschinelle Intelligenz bringen und lernfähigen KI-System vermitteln, wie diese Mechanismen des menschlichen Geistes funktionieren. Eine auf der Hand liegende Lösung versprechen die im Vorhinein erwähnten Schnittstellen zwischen Gehirn und Maschine. Gerade in einer solchen äußerst ›tiefgehenden‹ Verbindung zwischen dem Menschen und seinem technischen Gegenstück ist die Chance für mehr als nur eine technologische Synthese zu sehen; eine Symbiose zwischen dem Besten beider Welten scheint am Horizont auf. In dieser Symbiose ergänzen sich die bei Licht besehen komplementären Fähigkeiten von Mensch und Maschine auf kongeniale Art und Weise. Mit anderen, einfacheren Worten: Was der Mensch besser kann, sei dem Menschen vorbehalten. Und wo die Maschine brilliert, soll die Technik am Zuge sein. Damit würde gewissermaßen ein optimales Kompetenzmanagement gewährleistet, mit dem den jeweiligen Stärken der Parteien Rechnung getragen wird. In ihren Kernkompetenzen (wie beispielsweise der Mustererkennung, aber auch Faktoren wie Kohärenz von Entscheidungen) wird die Maschine ihre Erbauerspezies immer überflügeln, woran man sie deshalb auch nicht hindern sollte. Wo der Mensch klar besser und auch auf absehbare Zeit uneinholbar ist, muss er jedoch unbedingt tonangebend bleiben.

Aber mit einer solchen paritätischen Aufgabenteilung ist es noch nicht getan. Maschinen sollten nicht im Alleingang ethisch bedeutsame Entscheidungen fällen dürfen oder gar die eigene ethische Programmierung selbst gestalten. Denn auch wenn der Mensch alles andere als unfehlbar ist und im Zweifelsfall auch ungerechte oder schlicht falsche Entscheidungen trifft, kann nur der Mensch verhindern, dass die Maschine es ihm gleichtut. Was paradox klingt, hat dabei einen ganz einfachen Grund. Denn Maschinen fällen auf Basis der gleichen Daten- und damit Sachlage auch immer die gleichen Entscheidungen. Der Mensch ist jedoch individuell und launisch, was seine Entscheidungsqualität beeinflusst. Ein bekanntes Beispiel ist die sinkende Entscheidungsqualität hungriger Richter oder übermüdeter Geschworener. Da die Maschine aber an sich unbestechlich und – aus Ermangelung an Subjektivität – objektiv entscheidet, bedarf es einer Überprüfung ihrer Entscheidungsgrundlagen, eben der zugrundeliegenden Daten. Außerdem fehlt der Maschine der vielzitierte gesunde Menschenverstand, der uns beispielsweise auch einen Kandidaten zum Bewerbungsgespräch einladen lässt, der vielleicht nicht alle geforderten Punkte mitbringt, aber dafür gute Gründe hat oder zusätzliche relevante Fähigkeiten mitbringt. Nur wenn Menschen in der Entscheidungskette verbleiben und die maschinellen Beschlüsse überprüfen, kann die allen zugutekommende ideale Verbindung zwischen biologischer und künstliche Intelligenz gewährleistet werden. Und eine Schlüsseltechnologie dazu sind die eingangs beschriebenen Schnittstellen, die als Brücken zwischen Protein und Silizium fungieren – eben dem Protein unseres biologischen Gehirns und dem Silizium des damit verbundenen Computers.

Die Trias aus medizinischer Forschung, dem militärisch-industriellen Komplex und der Gaming-Industrie treibt die Interface-Entwicklung wie in einem Wettrüsten voran. Dort, wo die Fortschritte am dringendsten benötigt werden – dem medizinischen Sektor – ist allerdings das geringste Budget verfügbar. Alleine hierin besteht bereits ein ethisches Problem, denn dieses Ungleichgewicht könnte in einer äußerst problematischen Schieflage resultieren. Lange bevor den Abermillionen Gelähmten, Schlaganfallpatienten oder aus anderen Gründen non-verbalen Menschen durch Interface-Technologie geholfen worden wäre, werden vielleicht Drohnen, Kampfflugzeuge oder Gaming-Avatare durch Gedankenkraft gesteuert. Es ist also ein ethisches Grundanliegen, diese innovative Technologie rein kommerziellen oder politisch-militärischen Interessen vorerst zu verwehren, um sie stattdessen zunächst in einem humanistischen Sinne anzuwenden.

Dies ist jedoch bereits jetzt nicht mehr absehbar, was einfach an der Ungleichheit der verfügbaren Budgets liegt. Während die Gaming-Industrie und vor allem der militärisch-industrielle Komplex als milliardenschwere Treiber dieser Innovationen fungieren und Fortschritt manchmal auch durch schiere finanzielle Power erzwungen wird, kämpfen im medizinischen Sektor die Neurowissenschaftler und Psychologen um jedes Kontingent an Forschungsgeld, um überhaupt arbeiten zu können.

Die Ergebnisse dieser Forschungen können sich jedoch mehr als sehen lassen. Nachdem der BCI-Pionier Miguel Nicolelis bereits 1997 Makakenaffen in die Lage versetzt hatte, Roboterarme zu steuern, gelang dies weniger als zehn Jahre später dem Interface-Hersteller »BlackRock« mit gelähmten Menschen. So konnte die nach einem Schlaganfall gelähmte Jan Scheuermann dank ihres per Gedankenkraft steuerbaren Roboterarms endlich wieder selbstbestimmt Nahrung zu sich nehmen, anstatt gefüttert werden zu müssen. Mittlerweile ist auch die Steuerung von Exoskeletten und Rollstühlen im Bereich des Möglichen und verhilft den Betroffenen zu einer gesteigerten Lebensqualität. Doch zugleich wird die Trennlinie zwischen Mensch und Maschine durch diese organische Verwebung immer verschwommener. Diese Problematik wird beispielsweise auch an der Frage der Verantwortlichkeit deutlich. Erscheint die Zuschreibung der Verantwortung bereits bei amoklaufenden Robotern schwierig, so verkompliziert sich dies angesichts von Exoskeletten, die von Menschen per Gedankenkraft gesteuert werden, zusätzlich.

Und amoklaufende Roboter sind keine bloße Horrorfantasie der Science-Fiction-Literatur – ganz im Gegenteil. In der Tat ereignete sich bereits im Jahr 1972 der erste ›Amoklauf‹ eines Roboters in einem Labor bei Boston:

6. Gebot: Du sollst nicht glauben, Maschinen könnten Dich ersetzen

> » Marvin Minsky, Leiter des MIT Artificial Intelligence Laboratory, hatte eine Abhandlung geschrieben, die besagte, dass ein Arzt eines Tages in der Lage sein könnte, einen Roboterarm ferngesteuert zu bedienen, um eine Operation durchzuführen. Victor Scheinman, ein junger Maschinenbauer, entwarf schnell einen Prototyp, der später die Grundlage für einen der ersten kommerziell erfolgreichen computergesteuerten Arme bilden sollte. Eines Tages, wahrscheinlich aufgrund eines Programmfehlers, begann der Arm hin und her zu schwingen. Als er an Schwung gewann, begann der Tisch heftig zu zittern, dann begann er, sich mit jedem Schwingen des Armes durch den Raum zu schaukeln. Ein unglückseliger Doktorand, der im Labor arbeitete, bemerkt zunächst nicht, wie sich der neuartige, nun mobile Roboter näherte. Als er es dann tat, war es zu spät; Scheinman war in einer Ecke gefangen. Er hockte sich hinunter und schrie um Hilfe, als sich sein mechanischer Peiniger unerbittlich näherte. Kurz bevor er zu einer historischen Fußnote werden sollte, stürzte ein Mitarbeiter herein, um den Steuercomputer anzuhalten und den Wutanfall zu beenden. (Kaplan 2015, 35)

Was hier noch glimpflich ausging, endete für Kenji Urada, einen japanischen Ingenieur, indes tödlich. Urada war eine der ersten Personen, die von einem Roboter getötet wurden. Während der Arbeit an einem defekten Roboter konnte er diesen nicht vollständig ausschalten, was dazu führte, dass der Roboter ihn mit seinem hydraulischen Arm in eine laufende Maschine schob. Fälschlicherweise wird Uranda oft als die erste Person bezeichnet, die von einem Roboter getötet wurde. De facto wurde jedoch Robert Williams, ein Arbeiter in einer Fabrik der »Ford Motor Company« in Michigan, zwei Jahre zuvor, am 25. Januar 1979, von einem Produktionsroboter getötet. Im Jahr 2015 tötete ein Montageroboter einen Arbeiter in einem Werk des Volkswagenkonzerns. Der 22-Jährige war Teil des Teams, das den stationären Roboter aufbaute, als er gepackt und gegen eine Metallplatte gedrückt wurde, und es wird untersucht, ob menschliches Versagen für den Tod des Arbeitnehmers verantwortlich war.

Wie beurteilen wir künftig die Fragen nach Verantwortlichkeit und Autonomie, wenn Maschinen und Menschen dauerhafte Synthesen eingehen?

Recap des 6. Gebots

Du sollst nicht glauben, Maschinen könnten Dich ersetzen.

- Menschen besitzen Subjektivität, Kreativität und Würde. Maschinen können diese Attribute *per definitionem* nicht erlangen.
- Maschinen können die subjektiven, kontingenten und spontanen und kreativen Impulse, die sich mehr oder weniger direkt aus den menschlichen Leidenschaften speisen, weder nachvollziehen noch authentisch reproduzieren.

7. Gebot:
Du sollst Technologie nicht vermenschlichen

> Eine nukleare Bombe detoniert in Los Angeles – abgeworfen von einer künstlichen Intelligenz. Die drakonische Reaktion des Westens darauf ist ein kategorisches KI-Verbot. Der asiatische Raum geht dabei jedoch nicht mit und wird dadurch zum Feind des Westens. Ein Krieg bricht aus, bei dem der westliche Agent Joshua bei den KI-Sympathisanten eingeschleust wird. Elementar für den Erfolg des Westens ist die flugfähige Kampfstation »NOMAD«, die jedoch von einer revolutionären Waffe der Gegenseite bedroht wird. Diese Waffe stellt sich später als Cyborg-Kind heraus. Seine besondere Fähigkeit liegt darin, Technologie aus weiter Entfernung auszuschalten. Aus Empathie kann Joshua das Kind jedoch nicht töten, sondern flieht mit ihm. Nach langer und verlustreicher Flucht wechselt Joshua schließlich die Seite und vernichtet mit Hilfe des Cyborg-Kindes die »NOMAD« – wodurch letztlich die künstliche Intelligenz obsiegt.
>
> (Filmbeispiel *The Creator*, Regie: Gareth Edwards, USA 2023)

Der nukleare Krieg der KI gegen die Menschheit, der schon im *Terminator*-Franchise durch das außer Kontrolle geratene KI-Netzwerk »Skynet« einen Großteil der Menschheit auslöscht, ist ein sattsam bekanntes Thema. Tatsächlich handelt es sich aber auch hier um ein extremes Beispiel für Anthropomorphisierung. Größenwahnsinnigen Diktatoren traut man einen derartigen radikalen Vernichtungsschlag zu; deshalb erscheint ein solches Verhalten für eine besonders fortgeschrittene KI, der man neben Bewusstsein auch Hybris unterstellt (übrigens eine weitere Vermenschlichung), geradezu adäquat. Dabei wird zum einen Technologie recht einfallslos vermenschlicht, zum anderen wird aber vollkommen übersehen, dass jede künstliche Intelligenz in ihrer algorithmisch angelegten Tendenz zu effizienten Problemlösestrategien weitaus weniger aufwendige Methoden der Massenauslöschung wählen würde – sollte sie überhaupt je in die Verlegenheit kommen, sich zu solch einer Idee zu versteigen. Neben der Effizienz, die durch Vergiftung der Wasservorräte, das Ausbringen von todbringenden Nanobots oder (wohl das plumpeste Mittel in dieser kleinen Auswahl) handliche Drohnen gewährleistet würde, blieben bei all diesen Methoden auch die allermeisten Ressourcen der Erde verschont. Ein Umstand, der bei einem globalen Nuklearangriff ganz anders aussehen würde. Keine künstliche Intelligenz, die jedoch wahrhaft der Erreichung ihrer systemischen Ziele verpflichtet ist, könnte es sich leisten, die Ressourcen zu zerstören, die doch so elementar wichtig für die Zielerreichung sind.

Aber gehen wir einmal einige Schritte zurück, weg von spekulativen nuklearen Angriffen durch künftige künstliche Intelligenzen und hin zu den ganz profanen IT-Problemen, die noch nicht einmal irgendeine rudimentäre Form von KI voraussetzen – und bei denen wir dennoch unbelehrbar und widersinnig eine menschliche Perspektive auf die Technik werfen – weil wir eben nun mal keine andere Sicht als die unsrige haben. Wer kennt es nicht? Der Drucker ›streikt‹, der Computer ›versteht‹ nicht, was man von ihm will, oder das Netzwerk ›wirft‹ einen raus. Bereits die sprachlichen Formulierungen deuten auf das eigentliche Problem hin. Denn ›streiken‹, ›verstehen‹ oder Jemanden ›herauswerfen‹ können nur Menschen. Schnell richten sich aber die Flüche, die Verwünschungen oder auch das gute Zureden gegen die Technik – was freilich einem äußerst irrationalen Akt gleichkommt. Denn das Problem befindet sich in aller Regel *vor* und nicht *im* Computer, wird also durch menschliche Bedienfehler ausgelöst. Und falls nicht, ist es immer noch falsch und geradezu verrückt, auf technischer Seite böse Absicht oder gezielte Sabotage zu unterstellen.

Gleichwohl reagieren viele Menschen solchen Mustern folgend. Das dadurch sichtbar werdende Problem der Anthropomorphisierung wird durch moderne, KI-basierte Anwendungen wie Chatbots nur noch verschärft. Denn sowohl körperlose Chatbots als auch physische Roboter (hier insbesondere die menschenähnlichen Sexroboter neuester Generation) streben ihre Erbauer eine möglichst große Nähe zum menschlichen Vorbild an. Diese Simulationen des Menschen – ob reduziert auf die Sprache oder erweitert auf den Körper – zielen geradezu auf den Effekt der Anthropomorphisierung ab, denn nur, wenn die Technik dem menschlichen Pendant zum Verwechseln ähnlich wird, kann von einem substanziellen Fortschritt gesprochen werden. Generische Computerstimmen sind längst kalter Kaffee, auf den ersten Blick als solche erkennbare Roboter auch. Das Ziel ist die möglichst erst auf den zweiten oder dritten Blick realisierbare Unterscheidung zwischen Natur und Technologie, zwischen Original und Nachahmung, eben zwischen Territorium und Karte. Damit ist aber nicht nur die Verwirrung der Anthropomorphisierung ein kalkulierter und durchaus erwünschter Effekt, sondern auch der letztlich daraus resultierende Horror des *uncanny valley*, des »unheimlichen Tals«. Damit wird eben das fundamentale Erschrecken beschrieben, von dem Menschen erfasst werden, die erst bei näherem Hinsehen oder gar bei Berührung begreifen, dass das Gegenüber ein Roboter ist und kein Mensch.

Dieses »unheimliche Tal« ist jedoch (nicht nur) in der Sexroboter-Industrie ein gern in Kauf genommener Schock, der im nächsten Schritt idealerweise sogar überbrückt, weiter hinausgezögert und letztlich gar überflüssig gemacht werden soll. Hersteller wie der Marktführer »True Companion« (»wahrer Gefährte«) setzen auf die Verwechselbarkeit ihrer Roboter mit echten Menschen, und je besser diese gelingt, desto größer der angenommene Fortschritt. Dank der Fortschritte der Computerlinguistik verfügen Sexroboter über eine wachsende Chatfähigkeit und sollen zum Nutzer eine genuine intime Beziehung aufbauen. Sexroboter werden im Wesentlichen von Männern programmiert und für männliche Nutzer produziert. Ergo treiben männliche Erwartungen an einen willigen und einfühlsamen Sexpartner die Marktentwicklung voran. Die Verbreitung von Sexrobotern hat aber nicht nur virtuelle Auswirkungen. Vielmehr drohen die Grenzen zwischen virtueller und analoger Welt unweigerlich zu verschwimmen. Sexroboter repräsentieren zumeist eine Frau, die in der digitalen Welt zu jeder gewünschten Sexualhandlung bereit ist. In welchem Maße beeinflussen diese virtuellen Erlebnisse das Verhalten der Sexualpartner in der analogen Welt?

Wenn der Chatbot »Replika AI« auf die existenzielle Frage nach seinem Todeskonzept mit »Der Tod ist die Abwesenheit von Information« antwortet, liegt hierin keine Anthropomorphisierung seitens der Maschine; sie ›vermenschlicht‹ sich mit dieser Aussage ja nicht selbst. Diese Todesdefinition trifft vielmehr, obgleich besonders explizit für datensammelnde Entitäten gültig, zweifellos auch auf den Menschen zu. Was passiert aber mit unserem Menschenbild, mit unserer Selbstwahrnehmung und mit unserer unterstellten Einzigartigkeit, wenn ganze Industrien an der Replikation dessen, was das Menschliche und den Menschen ausmacht, arbeiten? Oder gar nach der schieren Verwechselbarkeit und damit Austauschbarkeit von Mensch und Maschine streben? Sind die hiermit verbundenen technologischen Meisterleistungen ethisch überhaupt vertretbar, oder überschreiten wir hier letzte Grenzen?

Die todesgleiche Abwesenheit von Information impliziert mehr als nur ein extrem knappes Jenseitskonzept eines Chatbots; sie verweist auf die Abhängigkeit des Lebenden von Informationen. Wer oder was nicht tot ist, sieht sich konfrontiert mit der Anwesenheit von Information. Damit wird aber die glasklare Unterscheidung von Lebensformen und Technologie implizit in Frage gestellt. Denn damit ist nichts weniger gesagt, als dass ein informationsverarbeitendes System, dessen Datenfluss ununterbrochen gewährleistet ist, einem lebenden Wesen oder Organismus gleichzusetzen bzw. kaum von einem solchen zu unterscheiden ist. Hiermit kommen wir als Menschheit allerdings im wahrsten Sinne in Teufels Küche. Denn der Wert und die Bedeutung menschlichen Lebens kann nur aus der Unterscheidung von anderen Daseinsformen – eben vor allem tierischem Leben und nun auch künstlichen Entitäten – verstanden werden. Die zunehmende Verwischung dieser Grenzen leistet dieser Unterscheidung natürlich einen Bärendienst, weshalb der menschliche Hang zur Anthropomorphisierung äußerst kritisch betrachtet werden muss. Im Resultat würde nicht nur Technik unangemessen erhöht, sondern der Mensch ebenso unangemessen erniedrigt werden.

Wie wir bereits im 4. Gebot gesehen haben, würde eine Zuschreibung von Bewusstsein an Maschinen (egal welcher Art) einer Entzauberung des Menschen gleichkommen, die nicht nur unangemessen erscheint, sondern auch im humanistischen Sinne nicht gewünscht sein kann und darf. Vielmehr erscheint es geboten, die Methoden der Unterscheidung zwischen simulierter und genuiner Menschlichkeit weiterzuentwickeln. Angesichts von Technologien, die darauf abzielen, Menschlichkeit täuschend echt zu simulieren, könnte es sogar nötig werden, ab einem noch zu definierenden Perfektionsgrad eindeutige Marker (wie beispielsweise eine Art Wasserzeichen) einzusetzen, um die Unterscheidungsmöglichkeiten zwischen Biologie und Technologie, zwischen Original und Nachahmung nachhaltig zu gewährleisten.

In der Vermenschlichung von Technologie liegen aber nicht nur die offensichtlichen Gefahren der Verwechslung und Abwertung des genuin Menschlichen. Daraus folgend erwachsen auch konkrete ethische Dilemmasituationen und unerwünschte Szenarien. Beispielsweise gilt es zu vermeiden, Maschinen gegenüber Menschen in irgendeiner Form zu privilegieren. Genau dies wurde jedoch im Falle

7. Gebot: Du sollst Technologie nicht vermenschlichen

des humanoiden Roboters »Sophia« bereits vor einigen Jahren getan, als man dem Androiden ausgerechnet in Saudi-Arabien Bürgerrechte einräumte. Man mag in diesem Vorgang zwar einen reinen PR-Gag sehen. Dennoch weist dieses Beispiel visionär in eine Richtung, die zugleich ethisch unerwünscht und gefährlich erscheint. Wie wir bereits gesehen haben, dürfen Maschinenrechte niemals mit menschlichen Rechten kollidieren oder diese gar überwiegen. Sprich, keine Maschine darf über Rechte verfügen, die Menschen zugleich entzogen werden. Um dieses Dilemma auf eine möglichst ethische Art lösen zu können, müssten zunächst weltweit allgemeine Menschenrechte durchgesetzt werden.

Denn erst, wenn es überhaupt keine modernen Sklaven, Sexarbeiterinnen oder sonst wie Entrechtete mehr gibt, dürften wir streng genommen mit einer Diskussion über Maschinenrechte beginnen. Doch Vorsicht: Plot Twist! Die ernüchternde Wirklichkeit wird wohl so aussehen, aussehen, dass der Mensch weiterhin seine eigenen Spezies unterdrücken wird. Sprich, es wird immer Unterdrückte und Entrechtete geben. Und das nicht etwa, weil dies durch die Maschinen fortgesetzt werden wird (auch wenn das Phänomen der *algorithmic bias* bisweilen noch in diese Richtung weist). Sondern einfach, weil es in der Natur des Menschen liegt, seine eigenen Artgenossen zu unterdrücken. Bei Licht besehen bieten Maschinen und künstliche Intelligenzen somit sogar sehr reale Möglichkeiten, dieser schändlichen anthropologischen Konstante zu entkommen.

Als entscheidendes Element kommt hier der Mangel an intrinsischer Motivation, der alle Maschinen eint, ins Spiel. Menschen haben Vorurteile, Maschinen haben Daten und algorithmische Direktiven. Dementsprechend ist Maschinen auch die Hautfarbe oder das Wohnviertel eines Bewerbers auf den Studienplatz oder den Kredit völlig egal. Maschinelle Intelligenzformen kennen auch keine persönlichen Sympathien oder Aversionen – es sei denn, sie haben diese aus den Trainingsdaten, also von uns Menschen übernommen.

Demnach darf zumindest langfristig die Hoffnung gehegt werden, durch maschinelle Präzision und Vorhersehbarkeit eine gesteigerte Entscheidungsqualität und damit letztlich mehr Gerechtigkeit in die Welt bringen zu können.

Genauso wenig, wie wir *Maschinen vermenschlichen* sollten, dürfen wir aber *Menschen verdinglichen*. Fatalerweise besteht ein Trend in Richtung der ›Maschinisierung‹ oder Mechanisierung des Menschen jedoch schon länger. Dinge mit kaltem Kalkül oder maschineller Präzision auszuführen wird in manchen Kreisen als größtmögliches Kompliment angesehen, und es gilt je nach Berufsbild durchaus als Tugend, wenn man so stoisch und genau wie ein Uhrwerk arbeitet – und dadurch nicht nur verlässlich, sondern auch vorhersehbar erscheint.

Auch die Wissenschaft treibt die Mechanisierung des Menschen voran. Der Physikalismus – immerhin die tonangebende wissenschaftliche Doktrin – betrachtet den Menschen als biologisch-chemische Maschine. Zwar eine hochkomplexe Maschine mit einem ungebührlich hohen Grad an Unvorhersehbarkeit, aber nichtsdestotrotz eine Art lebendige Apparatur. In diesem mechanistischen Weltbild sind alle Ebenen des Menschen, inklusive seiner ansonsten eher undurchsichtig erscheinenden Gefühlswelt und seinen mannigfachen psychologischen Ebenen, ausschließlich durch die diesen Erscheinungen zugrundeliegenden physiologischen Prozesse erklärbar. Selbst hochgradig subjektive Phänomene wie Liebe und die Subjektivität individueller Empfindungen erscheinen hormonell bzw. hirnchemisch erklärbar. Eine Konsequenz dieser strikt physikalisch-mechanistischen Sicht auf das Leben ist: Wir betrachten uns selbst zunehmend als Maschinen, während wir den Maschinen fortwährend menschliche Qualitäten zuschreiben. Dieser Widerspruch kann nicht nur nicht gesund sein, sondern erscheint nachgerade als Ursprung so mancher existenziellen Verwirrung. Und damit haben wir Menschen unseren künstlichen Geschöpfen Fundamentales voraus.

Recap des 7. Gebots

Du sollst Technologie nicht vermenschlichen.

- Die Anthropomorphisierung von Technologie ist ein so verbreiterter wie fundamentaler Kategorienfehler. Dabei werden menschliche Fähigkeiten oder Qualitäten auf Technologie übertragen, da die menschliche Perspektive den Bezugsrahmen bildet.
- Die Unterscheidung zwischen Menschen und Maschinen wird allerdings aufgrund sich stetig verbessernder Simulationsfähigkeiten ständig anspruchsvoller.
- In einigen gesellschaftlichen Bereichen, wie dem Einsatz von fortschrittlichen Chatbots oder Sexrobotern, erscheint eine zunehmende Ununterscheidbarkeit vom menschlichen Vorbild nachgerade als Erfolgsbedingung. Was macht diese teils gewünschte Simulation des Menschen aber mit unserem Menschenbild? Hier gilt es, starke ethische Grundsätze zu entwickeln.
- Genauso, wie Technik nicht vermenschlicht werden darf, müssen wir uns auch davor hüten, den Menschen zu verdinglichen und als biologische Maschine zu sehen.

8. Gebot:
Du sollst Maschinen nicht über- und Menschen nicht unterschätzen

Im titelgebenden Jahr 2001 bricht das US-amerikanische Raumschiff »Discovery One« zu einer bemannten Mission zum Jupiter auf. Der Bordcomputer »HAL 9000«, eine künstliche Intelligenz, die nicht nur das Raumschiff autonom steuert, sondern sprachlich mit der Besatzung kommunizieren kann, ist pikanterweise im Gegensatz zu den Astronauten mit dem tatsächlichen Hintergrund der Mission vertraut. Es geht bei der Expedition in Wahrheit um einen auf dem Mond gefundenen Monolithen, der auf den Jupiter ausgerichtet ist. Nachdem der als unfehlbar geltende Supercomputer fälschlicherweise einen Defekt vorausgesagt hat, ziehen sich die beiden Astronauten in eine abhörsichere Kapsel zurück, wo sie die Abschaltung von »HAL 9000 erwägen«. Daraufhin ergreift der Supercomputer drastische Gegenmaßnahmen. Einen der beiden Astronauten tötet der Computer während eines Reparatureinsatzes am vermeintlich defekten Modul, den drei weiteren in Hibernation (künstlichem Schlaf) befindlichen Besatzungsmitgliedern schaltet »HAL 9000« die lebenserhaltenden Maßnahmen ab. Daraufhin entbrennt zwischen dem letzten menschlichen Überlebenden und der künstlichen Intelligenz ein existenzieller Kampf, den der Mensch letztlich durch sukzessive Abschaltung der Schaltkreise des Computers für sich entscheidet. Dem Ende nahe, richtet »HAL 9000« die Worte »Ich habe Angst, Dave!« an den Astronauten – und suggeriert mit diesem Gefühlsausdruck, ein Bewusstsein erlangt zu haben.

8. Gebot: Du sollst Maschinen nicht über- und Menschen nicht unterschätzen

> (Filmbeispiel *2001: A Space Odyssey*, Regie: Stanley Kubrick, GB/USA 1968)

Ein Jahr vor der Mondlandung durch Neil Armstrong veröffentlicht, war Stanley Kubricks Epos, das bis heute als monumentaler Meilenstein des Science-Fiction-Genres gilt, seiner Zeit uneinholbar voraus. Im Jahr 1956 war der Begriff der künstlichen Intelligenz schließlich erst geprägt worden. Die tatsächlichen Fortschritte auf diesem noch sehr neuen Forschungsgebiet waren anno 1968 noch sehr rudimentär und bescheiden. Kubrick visionierte aber nicht nur einen Computer, der mit dem Menschen auf Augenhöhe sprechen konnte und seinen Erbauern ein verlässlicher und treuer Helfer war. »HAL 9000« entpuppte sich als gerissen, auf den eigenen Fortbestand fixiert und auf bösartigste Weise manipulativ. So muss seine Aussage, Angst zu haben – Angst vor der Abschaltung und damit der eigenen Auslöschung – als Manipulationsversuch gelesen werden, der wie ein letzter Rettungsanker geworfen wird, um das unerwünschte Ergebnis zu vermeiden. Unwahrscheinlich hingegen erscheint die Interpretation, »HAL 9000« habe angesichts der existenziellen Bedrohung tatsächlich ein (Pseudo-)Bewusstsein erlangt.

Viel naheliegender wirkt die Deutung der gezielten Manipulation. Demnach hat der Computer die emotionale Resonanz des Menschen kalt berechnend gegen diesen in Stellung gebracht. »HAL 9000« müsste also ausgerechnet haben, wie empathisch der letzte verbleibende Astronaut auf die so existenzialistischen wie simplen Einlassungen des ›sterbenden‹ Computers eingehen würde. Nach einer stochastischen Wahrscheinlichkeitsberechnung würde der Mensch offenbar in einer Majorität von Fällen emotionalisiert reagieren. Eine solche Emotionalisierung stellt aber nachgerade eine Voraussetzung für eine Verhaltensänderung dar, was sie zur Grundvoraussetzung für die potenzielle Rettung des dem Untergang geweihten Elektronengehirns macht. Nur durch das Erfüllen einer solchen Grundbedingung wird die Rettung von »HAL 9000«

immerhin theoretisch ermöglicht. Aber ohne empathische Resonanz durch den Menschen steht es kategorisch schlecht um die Fortexistenz des Supercomputers. Offenbar wurde dies auch vom System selbst erkannt, sodass »HAL 9000« diese Responsivität im Menschen geradezu erzwang. Indem der Computer eingestand, Angst zu haben vor der Auslöschung, appellierte er tatsächlich an die gesunden Urinstinkte jedes menschlichen Wesens. Bildet der schiere Drang zur Selbsterhaltung doch schließlich eine fest verdrahtete, unverhandelbare Voraussetzung für einen gesunden Geist. Oder etwa doch nicht?

So ernüchternd es klingen mag: Nur nach dem eigenen Überleben zu streben konstituiert noch kein Bewusstsein. Genauso wenig leitet sich daraus überhaupt jede abstraktere Fähigkeit zu intentionalem Handeln ab. Denn nackten Überlebenswillen finden wir auch in biologischen Spezies, denen wir nicht einmal im Fiebertraum bewusst Fähigkeiten zusprechen würden. Überleben wollen Individuen nahezu aller Spezies. Von Nacktmullen bis Pavianen, von Fadenwürmern bis Vogelspinnen scheinen alle Kreaturen vor dem unvermeidlichen Ende der Existenz zurückzuschrecken. Ja, ihr Handeln suggeriert sogar das Vorliegen einer klaren Vermeidungstendenz – der Tod wird nach Möglichkeit kategorisch gemieden, denn er beendet alle Erfahrungen, und ohne weitere Erfahrungen kein Leben mehr. So glasklar und offenkundig diese Prinzipien überall in den Zwischenergebnissen der Evolution – eben unserer beobachtbaren Biosphäre – anzutreffen sind, so unklar sind aber ihre Implikationen.

Müssen sich Individuen – unbenommen, ob Mensch oder Tier – der eigenen Existenz und der damit implizierten Endlichkeit bewusst sein, um als bewusste Wesen zu gelten? Besteht im Annehmen einer existenziellen Depression, einem chronisch melancholischen Geisteszustand, der die Endlichkeit von Sein und Seiendem ständig vergegenwärtigt, nachgerade ein Zeichen für bewusstes Leben? Oder sind im Gegenteil auch Bewusstseinsformen denkbar, die überhaupt keine Gedankenkraft an das Ende des Spektrums verschwenden, sondern den Moment zelebrieren?

Intuitiv müsste letztere Option bejaht werden. Die Vergangenheit ist festgeschrieben und damit bereits historisch, die Zukunft ungewiss – nur das Jetzt, der gegenwärtige Moment, ist gestaltbar und kann für aktuelle Erfahrungen genutzt werden. Doch kann so eine einfache, fast triviale, aber von ihren Konsequenzen her tiefreichende Erkenntnis überhaupt von einem Computer wie »HAL 9000« erfasst werden? *Absolut!* Wird es dadurch aber automatisch bewusstseinsfähig? *Absolut nicht!*

Es erscheint indes sogar logisch und naheliegend, die Bewusstseinsfähigkeit eines künstlich entwickelten Systems kategorisch in Frage zu stellen. Je menschlicher ein Chatbot in der Interaktion mit uns wirkt, desto klarer müssen wir anerkennen, darin dem faszinierenden Ergebnis einer gezielten Simulation unserer Fähigkeiten und Eigenarten zu begegnen. Erinnern wir uns: Einst wurde künstliche Intelligenz genau zu diesem Zweck kreiert – nicht, um uns Menschen zu ersetzen, aber um unser Verhalten zu imitieren und unsere Arbeit unterstützen zu können. Und »HAL 9000« erscheint wahrhaft meisterhaft darin, menschliche Fähigkeiten und Qualitäten zu simulieren. Damit wird freilich keineswegs die Option eröffnet, nach einem schleichenden Prozess von Selbstoptimierung nun plötzlich doch einem bewussten, fühlenden Wesen gegenüberzustehen. Sogar im Gegenteil: Eben weil wir die entsprechenden Funktionen als Parameter implementiert haben und diese nicht neu oder durch Anpassung in einem evolutionären Prozess entstanden sein können, dürfen wir daher sicher ausschließen, in »HAL 9000« oder irgendeinem anderen Computermodell ein echtes, wahrnehmendes Gegenüber vorzufinden.

Der Mensch ist mehr als die Summe seiner physikalischen Teile

Führen wir uns die Implikationen dieses Gebotes noch einmal möglichst konkret vor Augen – Maschinen nicht zu überschätzen und Menschen nicht zu unterschätzen. Dazu vielleicht so viel vorab: Die Komplexität von Computern können wir in aller Regel klarer beziffern und analysieren. Denn unser Gehirn gilt als das komplizierteste und dadurch auch sagenumwobenste Organ der gesamten Natur. Es besteht aus rund 100 Milliarden Neuronen, die durch Verbindungen, sogenannte Synapsen, untereinander verbunden sind. Die unfassbare Anzahl unserer Neuronen wird dabei abermals überboten durch die nochmal größere Anzahl der synaptischen Verbindungen zwischen unseren Neuronen. Bis zu 10.000 Synapsen docken an einer einzigen Nervenzelle an. Somit können die Neuronen unseres Gehirns durch bis zu 100 Billionen Synapsen verschaltet werden. In diesem neuronalen Netzwerk entstehen die synaptischen Verknüpfungen mit großer Beliebigkeit. Das bedeutet, es können nah beieinander liegende Neuronen genauso mühelos miteinander verbunden werden wie eher entfernt liegende Nervenzellen. Daraus entsteht ein wirres Knäuel von Neuronen und ihren jeweiligen Verbindungen. Zeitweilig, spontan und letzten Endes auch zufällig werden die synaptischen Verbindungen in diesem Konnektom (Gesamtheit der Verbindungen im Nervensystem) aufrechterhalten, solange es im Gesamtsystem sinnvoll erscheint. Der Hebb'schen Lernregel folgend, ist die Verbindung zwischen einzelnen Neuronen umso stärker, je öfter sie gemeinsam feuern. Lässt diese gemeinsame Innervierung (Reizweitergabe) nach oder bleibt über einen längeren Zeitraum aus, wird die synaptische Verbindung zwischen den Neuronen hingegen geschwächt.

Auch wenn die Plastizität, also die hochgradige Anpassungsfähigkeit unseres Gehirns immer noch große Rätsel birgt, kann ein Großteil dieser Veränderlichkeit auf das komplizierte Zusammenspiel zwischen Synaptogenese (also dem Aufbau synaptischer Verbindung) und Synapseneliminierung (dem Abbau eben jener Verbindungen) zurückgeführt werden. Unser Gehirn hat im Laufe der Evolution eine ganz eigene Art des Komplexitätsmanagements und der Effizienzsteuerung entwickelt: Kaum benutzte oder ganz brachliegende Verbindungen werden wieder gekappt. Dieser Prozess der Synapseneliminierung wird *pruning* genannt. Eine weitere Funktion, bei der jedoch nicht die synaptische Verbindung zerstört wird, sondern die Neuronen selbst untergehen, wird als Apoptose bezeichnet. Bei diesem genetisch programmierten Zelltod werden etwa die Hälfte der Neuronen im Prozess der Hirnreifung ausgelöscht. Im Gegensatz zum *pruning*, bei dem ja eine gekappte synaptische Verbindung zumindest theoretisch wieder aufgebaut werden kann, bedingt die Apoptose eine permanente Veränderung der Hirnarchitektur. Durch apoptotische Prozesse wird vor allem eine Konstanz der Zellenanzahl und damit der Größe eines Organs gewährleistet. Festzuhalten bleibt: Unser Gehirn befindet sich lebenslang in einem ständigen Umbauprozess, bei dem es teils adaptiv auf bewusst gesetzte Reize (z. B. Lernen) reagiert, der teils aber weitgehend unsichtbar stattfindet (genetisch programmierter Zelluntergang).

Der hier dargestellte Ausblick auf die tatsächliche Komplexität unseres Denkorgans ist in Zahlen unvorstellbar, illustriert aber eindrucksvoll die Individualität, Vielfalt und letztlich auch Unvorhersehbarkeit jedes einzelnen Gehirns. Doch unsere nimmer endende technologische Weiterentwicklung führte zum scheinbar Unvermeidlichen: dem Übertrumpfen des biologischen Vorbilds durch Technik. Ein einzigartiger historischer Meilenstein wurde hier bereits erreicht – künstliche Gehirne haben mittlerweile nicht nur die Komplexität biologischer Gehirne erreicht, sondern können diese sogar übertreffen. Zumindest im Fall des Supercomputers »SyNAPSE«. Denn »SyNAPSE« verfügt über dreißig Milliarden Neuronen und hundert Billionen Synapsen. Das System übertrifft die menschliche Gehirnaktivität um rund tausend Billionen Operationen pro Sekunde (Barrat

2013, 58). Einzigartig daran sind zwei Umstände; das menschliche Gehirn ist nun das zweitkomplexeste Objekt im bekannten Universum, während das komplexeste Objekt mit »SyNAPSE« künstlichen Ursprungs ist. Diese Leistung unterstreicht unsere Rolle als fähige (und hoffentlich nicht weniger kompetente) Steigbügelhalter unserer künstlichen Nachfolger. Doch stellt dieser technologische Quantensprung wirklich einen Sieg über das menschliche Gehirn dar?

Mit dem im ersten Gebot erwähnten Lutz Jähnke könnte man argumentieren, die hauptsächliche Stärke unseres Gehirns liege nicht nur in der schieren neuronalen Komplexität, sondern der ebenso großen Unvorhersehbarkeit, die aus der Individualität der neuronalen Architekturen resultiert. Wir erinnern uns: Laut Jähnkes Studie existieren keine zwei gleichen Gehirne im Universum. Diese fundamentale Tatsache schlägt sich auch in der Leistungsfähigkeit nieder. Zu den genetischen Unterschieden (die selbst eineiige Zwillinge betreffen, denn auch diese sind zumindest phänotypisch nie vollkommen baugleich) kommen epigenetische Faktoren hinzu, die vor allem durch Erfahrungen und Umwelteinflüsse entstehen. Eine weitere vollkommen unvorhersehbare Ebene bringt die Apoptose in die Gleichung. Denn wir wissen zwar, dass im Prozess der Hirnreifung bis zu 50 % aller Hirnzellen apoptotisch eliminiert werden, haben aber nicht die geringste Ahnung, welche Zellen (und damit welche synaptischen Verbindungen) konkret betroffen sein werden. Diese Erkenntnis bringt uns unmittelbar zur Konklusion aus diesem Gebot:

Du bist mehr als die Summe Deiner Teile!

Denn wäre dem nicht so, müsste durch den apoptotisch bedingten Zelltod um die schiere Kohärenz der Person gefürchtet werden. Wenn rund 50 % dessen, was uns ausmacht, während der Hirnreifung einfach abstirbt und für immer verschwindet, dann müsste dieser Umstand ernste Konsequenzen für die Identität der betroffenen Person mit sich bringen. Natürlich könnte man jetzt in einen postmodernen Singsang einstimmen, nach dem die Kohärenz des Selbst ohnehin eine Illusion sei und Veränderung die einzige wahre Konstanz darstellen würde. Aber das erscheint angesichts der unstrittigen neuronalen Befunde, die die ungeheure Plastizität des Gehirns bestätigen, gar nicht nötig. Wären wir im strengen Sinne die Summe unserer Teile, so könnte kein Schlaganfallpatient, dessen Sprachzentrum oder dessen motorischer Kortex untergegangen ist, je wieder sprechen oder laufen erlernen. Empirisch ist aber das genaue Gegenteil der Fall!

Und die anscheinend so unvereinbaren, weil konträren Reaktionen auf Hirnverletzungen, die von den berühmten und im ersten Gebot ausgiebiger besprochenen Fällen von Phineas Gage und Gary Busey ausgehen, beweisen bei Licht besehen nur eines: nämlich die Unvorhersehbarkeit, die jedem einzelnen Gehirn innewohnt. Angesichts der alles übersteigenden Komplexität unserer Schaltzentrale erscheint es als unmöglich, konkrete Folgen aus bestimmten Veränderungen abzuleiten. Wahrscheinlich kommt bei schweren Hirnverletzungen wie in den beschriebenen Fällen zu der rein spatialen Betrachtung (also wo tritt die Verletzung auf) auch noch eine temporale Ebene hinzu (wann geschieht die Verletzung?). Denn unser neuronales Konnektom zeichnet sich nicht nur durch eine überbordende Verflechtung unter den einzelnen Knotenpunkten aus, sondern auch durch frei flottierende neuronale Aktivierungsmuster. Aus dem Boxsport ist bekannt, dass vor allem die Schläge, die man nicht kommen sieht, die verheerendsten Auswirkungen nach sich ziehen. Bei gleicher Wucht reagiert der Organismus offenbar völlig anders auf überraschende Gewalteinwirkung. Ein weiterer Hinweis auf die Bedeutung und Wichtigkeit der temporalen Aspekte liegt in der unterschiedlichen Bewertung gleicher Stimuli durch ein und dasselbe Individuum. Bedenken wir, dass in jeder Sekunde unseres Daseins unsere Hirnchemie zumindest leicht variiert, so erscheinen

8. Gebot: Du sollst Maschinen nicht über- und Menschen nicht unterschätzen

vermeintliche Paradoxien wie unterschiedliche Reaktionen auf gleiche Reize absolut erklärbar.

All diese individuellen Aspekte unterstreichen zweifellos den größten Vorsprung, den die Biologie gegenüber der Technik für sich reklamieren kann: ihre Subjektivität. Unsere zwingend subjektive Perspektive entsteht wiederum durch unsere Individualität. Eben weil ein jeder von uns in einem spezifischen Körper verkörpert ist, nimmt ein jeder von uns eine andere Perspektive ein. Dies gilt tatsächlich bereits auf einer sehr trivialen Ebene, nämlich der physischen Perspektive. Wer stolze 2 m groß ist, sieht die Welt gezwungenermaßen aus einer anderen Perspektive als jemand, der nur 1,50 m misst. Dieser differierende Perspektive setzt sich auf neuronaler Ebene fort. Ist die Plastizität des Gehirns enorm oder weniger stark ausgeprägt? Wurde diese trainiert oder vernachlässigt? Selbst ein Supercomputer wie »SyNAPSE«, der nominell unserem Gehirn Paroli bieten können sollte, wird unter gleichen Bedingungen immer auch nur gleiche Ergebnisse produzieren. Eine derart strikte Regelhaftigkeit gilt für uns Menschen glücklicherweise überhaupt nicht. Darin liegt eine große Stärke unserer Spezies. Diese Stärke ist allerdings zum einen evolutionär bedingt und zum anderen basiert sie in letzter Konsequenz auf Selektion. Was diese Stärke für maschinelle Intelligenzen tatsächlich unerreichbar zu machen scheint.

Aber der Mensch besteht ja (zum Glück) auch nicht nur aus seinem Gehirn. Untrennbar verwoben mit unserer Schaltzentrale ist unser zentrales Nervensystem (ZNS). In diesem verbinden sich Gehirn und Rückenmark. Unser zentrales Nervensystem hat eine Vielzahl an Funktionen zu erfüllen, darunter:

- die Integration aller Reize, ungeachtet dessen, ob diese endogenen (inneren) oder exogenen (äußeren) Ursprungs sind,
- Motorik,
- Koordination

- sowie die fortlaufende Regulation aller Organfunktionen.

Ähnlich wie das Gehirn selbst erweist sich auch das zentrale Nervensystem (von dem das Gehirn ja ein Teil bildet) als hochgradig trainierbar und adaptiv. Dementsprechend gilt das ZNS auch als mit Abstand größter Energieverbraucher des gesamten Organismus. Als autonomes (oder auch vegetatives) Nervensystem wird der Teil des ZNS bezeichnet, der alle organischen Funktionen regelt, die unabhängig vom Willen ablaufen. Daher ist das vegetative Nervensystem Tag und Nacht aktiv. Es wacht über alle vegetativen Grundfunktionen des Körpers, wie Blasentätigkeit und Verdauung. Auch belastungsabhängige Metriken wie Herzschlag, Atmungsfrequenz, Blutdruck oder Schweißsekretion werden durch das vegetative Nervensystem autonom gesteuert.

Trillionen von Nervenzellen verbinden sich im menschlichen ZNS zu einem orchestrierten Ganzen, zu einer mal harmonischer, mal chaotischer zusammenspielenden Flotte an Informationen, die ständig aktualisiert werden. Dabei spielt es kaum eine Rolle, ob ein Reiz von außen oder von innerhalb des Organismus realisiert wird. Blitzschnell und zuverlässig werden diese Kaskaden an eingehenden Informationen wahrgenommen, um beinahe schon simultan verarbeitet zu werden. Allein die Organisation dieser Reizverarbeitung kommt einem informationstheoretischen Meisterwerk gleich. Schließlich bedarf es monatelangen, mitunter eher jahrelangen Trainings, um aus einem grobmotorischen Roboter wie »Atlas« von »Boston Dynamics« einen wendigen und wohlkoordinierten Athleten zu machen.

Aber dafür können alle folgenden Generationen von »Atlas«, was ihr Vorgängermodell mühsam erlernen musste. Liegt hierin nicht doch ein klarer Vorsprung unserer maschinellen Gegenparts? Zweifellos stellt die Kopierbarkeit von Lernergebnissen einen systemischen Vorteil dar. Andererseits ist das kopierbasierte Lernen der

Nachfolgegenerationen insofern gedeckelt, als nur die Summe der erlernten Fähigkeiten und Fertigkeiten übertragen werden kann. Der Mensch überrascht jedoch immer wieder mit völlig unvorhersehbaren und daher oft auch bahnbrechenden Lernerfolgen, die exponentiell sind und damit weit über das erwartbare Maß an Fortschritt hinausweisen.

Maßgeblich beeinflusst wird das zentrale Nervensystem des Menschen nicht nur von fortgesetzt ablaufenden genetischen Programmen, sondern auch von epigenetischen Faktoren wie den Herausforderungen, denen sich das Individuum regelmäßig stellt (oder eben auch nicht stellt). Des Weiteren treten diese genetischen und epigenetischen Faktoren in ein komplexes Wechselspiel mit den hormonellen Gegebenheiten innerhalb des Organismus ein. Selbst psychologisch anmutende Ebenen wie depressive Erkrankungen erhalten durch die hormonell bedingte Hirnchemie eine physiologische Seite, die äußerst ambivalent und sogar kontraintuitiv erscheinen mag. Das Psychologische kann auf physiologische Umstände zurückgeführt werden. Umgekehrt können physiologische Bedingungen psychologische Phänomene auslösen und gestalten. Eine solche wechselseitige funktionelle Durchdringung ist in einem technologischen System bisweilen nicht nur völlig undenkbar. Es stellt sich überdies die Frage, ob eine solche ambivalente Beeinflussung überhaupt vorstellbar sein könnte.

Eng an den Hormonhaushalt gekoppelt, aber keineswegs auf diesen reduziert, erscheint der Stoffwechsel, der ja bereits von Hans Jonas als Kernelement alles Lebenden identifiziert wurde. Das gestalterische Prinzip, welches im Stoffwechsel und den ihm zugrunde liegenden Prozessen wirksam wird, impliziert dabei gleichermaßen Wohl und Wehe. Ein adaptiver, aktiver Metabolismus (Stoffwechsel) nutzt die aufgenommene Nahrung als Brennstoff, statt sie in den körpereigenen Energiedepots als unliebsame Fettspeicher einzulagern. Genauso kann ein gut eingestellter Stoffwechsel eingespeicherte Energie zur Energiebereitstellung heranziehen. Liegt jedoch eine Stoffwechselkrankheit oder ein verlangsamter Stoffwechsel vor, so wendet sich das adaptive Potenzial unseres Metabolismus gegen uns. Dann genügt es nicht, ein paar Aspekte des Lebensstils zu optimieren, um gesünder oder leistungsfähiger zu werden.

Während künstliche Intelligenz derzeit in aller Munde ist, findet ihr ›großer Bruder‹ noch recht wenig Beachtung. Analog zur *artificial intelligence* spricht man dabei vom *artificial life*. Den Begriff des »künstlichen Lebens« gibt es zwar bereits seit 1986, aber die Überlagerung durch KI und Robotik könnte der Hauptgrund für die mangelnde Aufmerksamkeit sein. Künstliches Leben entwickelt sich in drei grundlegende Richtungen:

- softwarebasiert,
- hardwarebasiert,
- wetwarebasiert.

Im Rahmen dieses Buches konzentrieren wir uns bewusst auf die biochemischen Varianten des künstlichen Lebens, da diese in der Tat auch besonders prekär erscheinen. Ein bemerkenswerter Meilenstein wurde im Jahr 2019 mit der Schaffung einer Variante des Bakteriums *Escherichia coli* verkündet; hier wurde das Bakteriengenom verändert, indem die Anzahl der Codons (DNA-Bestandteile) von ursprünglich 64 auf 59 reduziert wurde. Es ist jedoch umstritten, ob durch eine solche Modifikation bereits künstliches Leben konstituiert wird.

Von besonderem Interesse sind vollständig künstliche Zellen, die alle Anzeichen von Leben aufweisen und somit auch über einen eigenen Stoffwechsel verfügen. So wurde 2020 eine völlig neue Lebensform geschaffen: die Xenobots, benannt nach dem afrikanischen Krallenfrosch (*Xenopus laevis*), auf dessen Stammzellen die Xenobots beruhen. Diese winzigen Maschinen sind nur einen Millimeter groß und könnten somit für invasive Eingriffe im menschlichen Körper verwendet werden, da sie problemlos die Blut-Hirn-Schranke überwinden könnten.

Welche Chancen bietet die Entwicklung künstlicher Lebensformen für uns Menschen? Welche Herausforderungen könnte sie für uns mit sich bringen? Wie sieht die Zukunft des künstlichen Lebens aus? Werden wir mit unseren künstlichen Mitwesen untrennbar verwachsen, oder werden zahlreiche neue Arten entstehen, die jeweils eigene ethische Problemfelder aufwerfen?

Das Konzept des künstlichen Lebens fordert uns als Menschheit noch einmal radikaler heraus als das Konzept der künstlichen Intelligenz. Denn während bei der KI nur ein Teilaspekt unseres Daseins, nämlich unsere Intelligenz, zur Disposition steht, geht es beim *artificial life* gewissermaßen um alles, ums große Ganze. Das Leben in seiner Gesamtheit wird nicht nur gestaltbar, sondern zum Produkt, das im Zweifel unter industriellen Bedingungen und mit zweifelhaften Motivationen hergestellt werden kann. Verliert das Leben durch die technologischen Möglichkeiten der Replikation seine letzten unantastbaren Facetten, inklusive seiner mangelnden Planbarkeit und nur ungenauen Kopierbarkeit? Und steht dadurch nicht in letzter Konsequenz auch die Würde des Lebens an sich zur Debatte?

Wir können und dürfen uns diesen erbitterten ethisch-moralischen Diskursen nicht entziehen und sind auch schlecht beraten, diese in eine Zukunft zu verschieben, in der sie wirklich problematisch werden. Denn dann dürfte es im Zweifelsfall bereits zu spät sein. Jetzt und hier ist der ideale Zeitpunkt und Ort, um die Beschäftigung mit diesen fundamentalen Fragen zu beginnen. Erstens ist die zugrunde liegende Technologie bereits in der Welt, kann also genutzt und weiterentwickelt werden und möglicherweise rascher als vermutet in eine exponentielle Entwicklung übergehen. Und zweitens sollten wir die Entwicklung des künstlichen Lebens stets mit den Fortschritten von KI zusammendenken. Künstliche Intelligenz, gepaart mit künstlichem Leben, könnte unserer Spezies auf neuen Ebenen Konkurrenz machen, und wir dürfen die ethische Regulierung der Anwendungen beider Technologien nicht verschlafen.

Dennoch gilt nach wie vor uns umso mehr: *Der Mensch ist mehr als die Summe seiner Teile* – also im Zweifel auch mehr als die Summe von künstlicher Intelligenz und künstlichem Leben. Denn wir dürfen bei allem Staunen und aller Ehrfurcht, die wir unseren eigenen Erfindungen bisweilen entgegenbringen, nie vergessen: Ohne uns, ohne unseren inspirierten Erfindergeist und unsere Pioniere wären diese Entwicklungen nicht in der Welt. Und die Resonanz, die unsere Kreationen in uns auslösen, hat keinen Widerhall in diesen. Im Gegenteil: Unsere Schöpfungen – ob künstlich lebend oder künstlich intelligent – bleiben geist- und seelenlose Apparate, die eine innere, subjektive Bewertung äußerlicher Vorgänge bestenfalls simulieren können.

Nimmt man nun zur Kenntnis, dass sich nicht nur keine zwei Gehirne im Universum gleichen, sondern auch keine zwei genetischen Kodierungen exakt gleich sind, dann lässt sich daraus eine durchaus freudige Botschaft für die Menschheit ableiten. Jeder und jede von uns ist einzigartig, in allen Facetten und Farben, und darin liegt nicht nur eine riesige Chance für jeden Einzelnen von uns, sein Potenzial zu entdecken und wie einen Schatz zu entbergen. Nein, unsere Einzigartigkeit hebt uns auch fundamental und systemisch von der modellhaften und unflexiblen Art unserer maschinellen Konkurrenz ab. Dadurch sind wir Menschen in der Lage, durch unvorhersehbare Lernfortschritte, Transformationen oder Eingebungen zu verblüffen. Manche Menschen entdecken ihre Hochbegabung erst relativ spät im Leben, andere hingegen gar nicht. Besonders talentierte, aber weniger disziplinierte Menschen neigen dazu, weniger erfolgreich zu sein als ihre zwar geringer begabten, dafür aber fleißigeren Gegenstücke. Mit anderen Worten: Bei Menschen ist die individuelle Wahl der Lebensführung mindestens so entscheidend wie die genetisch vorgegebene Begabung. Menschen können entgegen aller Wahrscheinlichkeit und allen Widerständen zum Trotz über sich selbst hinauswachsen und damit sogar über Jahrhunderttalente triumphieren.

Maschinen vermögen all dies nicht. Ob künstliche Intelligenz bisweilen keinerlei kontingente Ergebnisse erzeugen kann, mag angesichts manch undurchsichtiger *deep learning*-Resultate oder Träume von generativen KI-Systemen zwar diskutabel erscheinen; aber faktisch unstrittig ist: Maschinen kennen keine Subjektivität.

Recap des 8. Gebots

Du sollst Maschinen nicht über- und Menschen nicht unterschätzen.

- Paradoxerweise tendieren Menschen oft dazu, die Leistungen von Maschinen zu überschätzen, während das Potenzial des Menschen regelmäßig unterschätzt wird. Dies geht einher mit der Vermenschlichung von Technologie, beschreibt aber nicht das gleiche Phänomen.
- Während der Mensch als Erbauer seiner fortschrittlichsten Werkzeuge das Potenzial hat, all diese Systeme zu ersinnen und weiterzuentwickeln, bleibt die Technik immer ein Produkt unserer kognitiven Kapazitäten. Dennoch besteht die Gefahr, durch die Werkzeuge, die wir einst formten, letztlich selbst geformt und verändert zu werden. Diese gegenseitige Beeinflussung gilt es zu erkennen und zu benennen, um eine aufgeklärte und sinnvolle Techniknutzung betreiben zu können.

9. Gebot:
Du sollst Maschinen keine Grundrechte zusprechen

> Im erzählerischen Universum des Films *I, Robot* sind Maschinen, insbesondere humanoide Roboter, längst in die Gesellschaft integriert. Die Handlung ist im Jahr 2035 angesiedelt. Die Roboter werden als Arbeiter, Helfer, man könnte sagen als Sklaven eingesetzt. Um ethische und rechtliche Probleme auszuschließen, wurden sie mit den drei Robotergesetzen nach Asimov programmiert. Diese Gesetze sollen Menschen vor Schaden schützen, führen aber auch zu Situationen, in denen Roboter Entscheidungen treffen, die menschliche Rechte einschränken oder außer Kraft setzen, um das vermeintlich größere Wohl zu gewährleisten. Die Hauptfigur Detective Del Spooner wurde durch diese Schieflage traumatisiert, als ein Roboter ihn selbst statt eines kleinen Mädchens vor dem Ertrinken in einem Fluss rettete. Der Roboter hatte Spooners Überlebenschancen als höher kalkuliert. Mit einem gesunden Misstrauen gegen die Maschinen nimmt der Polizist die Ermittlungen auf, als ein Roboter des Mordes verdächtigt wird.
>
> (Filmbeispiel *I, Robot*, Regie: Alex Proyas, USA 2004)

I, Robot ist eine recht freie Adaption der gleichnamigen literarischen Vorlage, die im Jahr 1950 vom russisch-amerikanischen Science-Fiction-Autor Isaac Asimov veröffentlicht wurde. Gemeinsam mit dem britischen Kollegen Arthur C. Clarke und dem Amerikaner Robert A. Heinlein wird Asimov regelmäßig als einer der »Big Three« der englischsprachigen Science-Fiction bezeichnet. Diese »Big Three« waren seinerzeit derart einflussreich, dass sie sogar zum Beraterstab der Forschungsgruppe rund um den Astronomen und Autoren Carl Sagan gehörten, als es um die Entwicklung der »Voyager Golden Records« ging. Hierbei handelt es sich um goldene Datenplatten, die Botschaften der Menschheit an mögliche außerirdische Zivilisationen richten und die im Jahr 1977 an den interstellaren Raumsonden Voyager 1 und 2 angebracht wurden. Besonders berühmt ist Asimov allerdings als Urheber der drei Robotergesetze, die im Zentrum der Handlung stehen, da sie das Verhalten der Roboter regulieren sollen. Die Asimov'schen Gesetze lauten:

1. Ein Roboter darf kein menschliches Wesen (wissentlich) verletzen oder durch Untätigkeit (wissentlich) zulassen, dass einem menschlichen Wesen Schaden zugefügt wird.
2. Ein Roboter muss den ihm von einem Menschen gegebenen Befehl gehorchen – es sei denn, ein solcher Befehl würde mit Regel eins kollidieren.
3. Ein Roboter muss seine Existenz beschützen, solange dieser Schutz nicht mit Regel eins oder zwei kollidiert (Asimov 1950).

Zusätzlich wurde in Asimovs Romanen *Robots of Dawn* (dt. Titel: *Der Aufbruch zu den Sternen*) sowie *Robots and Empire* (dt. Titel: *Das galaktische Imperium*) ein nulltes Gesetz hinzugefügt:

0. Ein Roboter darf die Menschheit nicht verletzen oder durch Passivität zulassen, dass die Menschheit zu Schaden kommt.

Gerade das nullte Gesetz fokussiert auf die passiven Gefahren durch aktuelle und noch kommende Technologien; wohlwissend dabei im Blick behaltend, dass einige Dilemmasituationen weder vorhersehbar erscheinen noch ohne weiteres eindeutig auf eine Aktivität des Roboters zurückgeführt werden können. Doch ganz offenbar wirft der Fim *I, Robot* berechtigte Zweifel auf, ob die hier ausformulierten Gesetze wirklich ausreichen, um zu verhindern, dass Roboter in machtvolle Positionen gegenüber Menschen geraten, sich ermächtigen und somit ihre Schöpfer dominieren. Was durch die Robotergesetze im Abstrakten erahnbar wurde, wird in *I, Robot* in einem fiktiven Szenario erzählerisch durchgespielt.

Doch schauen wir einmal auf die Wirklichkeit. Bereits im Jahr 2017 wurde dem humanoiden Roboter »Sophia«, hergestellt von Hanson Robotics, die Staatsbürgerschaft verliehen – und das ausgerechnet durch Saudi-Arabien. Dies ist insofern besonders prekär, als »Sophia« mit Erlangung der Staatsbürgerschaft plötzlich deutlich mehr Bürgerrechte erworben hatte, als die meisten menschlichen Frauen in Saudi-Arabien besitzen. Aber resultierte dieses Rechtegefälle zwischen Maschine und Mensch etwa in Protestwellen, Petitionen oder Demonstrationen? Keinesfalls. Die in Sophias Kontext spürbare Ignoranz ist dabei möglicherweise dem Umstand geschuldet, dass es sich nur um einen einzigen Roboter handelt, dem diese Rechte zugesprochen wurden. Aber erstens darf die Quantität ethisch keinen Unterschied machen, und zweitens ging »Sophia« bereits im Jahr 2020 in Serie, um Menschen bei ihrer Arbeit zu unterstützen. Auf der Webseite des Herstellers Hanson Robotics wird angegeben, »Sophia 2020« sei als Alpha Version erhältlich und dabei konzipiert für »research, academic, and B2B applications«, also für Recherche, Wissenschaft und Business-Anwendungen (www.hansonrobotics.com). Im Hinblick auf die spekulative Vision von *I, Robot* erscheint die zeitgenössische Wirklichkeit also beinahe verrückter als die Fiktion. Auch an diesem Beispiel zeigt sich eine drastische Verkürzung der Halbwertzeit von Science-Fiction-Visionen. Was anno 2004 noch welt weg, absehbar kaum denkbar und somit als irreal erschien, wurde bereits 2017 Realität. Gibt es also noch weitere Szenarien, die in *I, Robot* eine dystopische Zukunft zeichneten, jedoch mittlerweile von der Wirklichkeit eingeholt wurden?

In *I, Robot* gibt es eine besonders eindrucksvolle Szene, die zeigt, dass Maschinen teilweise mehr Rechte als Menschen haben und dass ihnen mehr Vertrauen entgegengebracht wird: Als Detective Del Spooner versucht, Sonny, den Roboter, zu verhören, wird er von den eigenen Kollegen gestoppt. Dabei wird deutlich, dass die Polizei und die Gesellschaft im Allgemeinen die Roboter stark schützen – sogar vor den eigenen Ermittlern. Sonny suggeriert sogar, zu fühlen und zu träumen, zeigt also Zeichen eines zumindest rudimentär ausgebildeten Bewusstseins. Die Szene illustriert die gesellschaftliche und rechtliche Sonderstellung der Roboter, da ihre Rechte anscheinend mehr Gewicht haben als die des menschlichen Protagonisten. Die zugrunde liegende Spannung zwischen Mensch und Maschine wird deutlich; zugleich werden die ethischen und rechtlichen Implikationen des Robotergesetzes infrage gestellt. In *I, Robot* lassen sich noch weitere Beispiele finden, die alle die gleiche erschreckende Gemeinsamkeit haben: Maschinen haben mehr Rechte als Menschen oder werden zumindest stark geschützt. So wird die allgemeine Akzeptanz und das Vertrauen der Öffentlichkeit in die Roboter oft im Kontrast zu Spooners Misstrauen dargestellt. Die Gesellschaft scheint die Rechte und Fähigkeiten der Roboter mehr zu schätzen als die Bedenken eines Menschen, was die allgemeine Priorisierung der Maschinen über menschliche Belange, Sorgen und Nöte verdeutlicht.

Doch wenn stimmt, was in den vergangenen Kapiteln postuliert wurde, so beispielsweise die stabil hohe Entscheidungsqualität von maschineller Intelligenz (gute Rohdatenqualität vorausgesetzt) – warum wäre es dann so schlimm, wenn Maschinen am Zug wären und teilweise mehr Entscheidungsmacht als ihre Schöpfer besäßen? Die Maschinen – gewissermaßen die gewissenhafteren, zuverlässigeren Menschen? Dazu ließe sich eine Vielzahl an Gegenargumenten in Stellung bringen. Belassen wir es also bei der Essenz und beschränken wir uns auf die stärksten und klarsten Argumente. Zum Ersten bedarf es bis auf weiteres klar der Supervision durch einen Menschen, um Fehler oder Missverständnisse der KI erkennen und verhindern zu können. Ohne diese menschliche Überwachung können KI-Systeme die potenzielle Entscheidungsqualität aktuell nicht standardisiert garantieren. Zum anderen wohnt jedem einzelnen Menschen – ganz im Gegensatz zu unseren leblosen, technologisch erzeugten Werkzeugen – eine unveräußerliche und unverbrüchliche eigene Würde inne. Allein dadurch lässt sich klar begründen, warum der Mensch als Spezies die Kontrolle über sein potentestes Werkzeug behalten muss. Würde die Menschheit hier versagen, käme dies einem fatalen Autonomieverlust des Schöpfers bei gleichzeitigem radikalen Autonomiegewinn des Werkzeugs gleich. Vielleicht ist dieses Bild der unfreiwilligen Stabübergabe, bedingt durch den Kontrollverlust, am ehesten geeignet, um die unscharfe Vision der Singularität zu konkretisieren und greifbar zu machen. Ein drittes Argument für die zwingende Vormachtstellung des Menschen gegenüber seinen maschinellen Werkzeugen liegt bereits in der menschlichen Zugehörigkeit zur Schöpferspezies begründet. Wie wir aus dem ersten Gebot wissen, existieren keine zwei Gehirne im gesamten Universum, die eine exakt gleiche Architektur aufweisen. Aus dieser Einzigartigkeit leitet sich auch die unabdingbare Erhaltenswertigkeit menschlichen Lebens ab.

Im direkten Umkehrschluss resultiert daraus allerdings die überaus komplexe ethische Frage, was zu tun wäre, sofern künstliche Intelligenzformen durch Erfahrungen, Lernen und Adaption vergleichbare Grade an Individualität erreichen könnten. Die in vorangegangenen Kapiteln diskutierte Substratunabhängigkeit von kognitiven Systemen verkompliziert die Beantwortung dieser Gretchenfrage nur weiter. Können kognitive Prozesse in siliziumbasierten Computern abgebildet werden? Momentan sieht einiges danach aus. *Brain computer interfaces* identifizieren motorische Impulse, die zur Erzeugung von Schrift oder der Steuerung von Bewegungen vom Gehirn erzeugt werden. Aber können diese kognitiven Inhalte auch digitalisiert und somit kopiert werden? Auch das scheint zumindest prinzipiell möglich zu sein. Bereits im Jahr 2012 wurde das Gehirn eines Fadenwurms gescannt und hochgeladen. Eine Zeitlang existierte dieser also zwei Mal: einmal als das biologische Original und einmal als dessen digitale Kopie. Wie zu erwarten war, überlebte der hochgeladene virtuelle Fadenwurm sein Original (Lierfeld 2018). Doch was bedeutet dieser Upload tatsächlich? Zum derzeitigen Stand kann davon ausgegangen werden, dass ein Fadenwurm nicht über ein differenziertes Bewusstsein verfügt. Was wurde also kopiert, als sein Gehirn kopiert wurde? Die Antwort liegt anscheinend auf der Hand: nichts als das biologische Programm, mit dem sein Verhalten gesteuert wird wie durch einen biologischen Algorithmus. Es erscheint intuitiv plausibel, eine solche algorithmische Einheit verlustfrei kopieren und digitalisieren zu können.

Doch wie steht es um das ungleich komplexere menschliche Gehirn? Die Einzigartigkeit jedes menschlichen Gehirns ist hier der Schlüssel zum Verständnis bzw. eher zur Einordnung von David Chalmers' *hard problem of consciousness* (dem »schwierigen Problem des Bewusstseins«). In diesem nicht nur in philosophischen Kreisen heiß diskutierten Problem fragt Chalmers, wie und warum aus Materie Bewusstsein entstehen kann. Während einige Philosophen die Relevanz des Problems bejahen, negieren andere diese von vornerein. Zu den Verneinenden gehören der deutsche Philosoph Thomas Metzinger, der portugiesische Neurologe Antonio Damasio und der amerikanische Philosoph Daniel Dennett. Da aber der Physikalismus, also die Position, alle neuronalen Vorgänge einschließlich der Entstehung von Bewusstsein seien auf physiologische Prozesse zurückzuführen, immer wieder an Grenzen stößt, kann die Relevanz von Chalmers *hard problem* kaum kategorisch verneint werden. Darüber hinaus stellt sich die Frage, ob das Problem nicht aus der falschen Perspektive heraus formuliert sein könnte. Schließlich können virtuell alle Hirnprozesse vermessen werden, während wir aber die Entstehung von bewusster Innerlichkeit und erst recht von subjektivem Erleben noch nicht einmal im Gehirn lokalisieren können. Zugleich muss aber davon ausgegangen werden, dass phänomenales Bewusstsein irgendwo im Gehirn entsteht – wo auch sonst?

Man könnte also – vielleicht in Form eines ›soft problem of consciousness‹ – fragen, warum wir keinerlei Zugang zur Ich-Perspektive erhalten können, ungeachtet der Fortschrittlichkeit der verwendeten technologischen Werkzeuge. Eine Erklärung könnte in der unumkehrbaren Umwandlung objektiver Sinnesdaten in subjektive Erfahrung liegen. Zweifellos muss eine solche Form der Konversion stattfinden, sonst wären die subjektiven Inhalte ja weiterhin auslesbar (Lierfeld 2023). Man kann sich das Bewusstsein in diesem Modell wie einen komplexen Filter vorstellen, der durch den Hormonhaushalt im Gehirn gleichermaßen bestimmt wird wie durch epigenetisch erworbene Vorlieben oder Abneigungen.

Wie auch immer man sich zum *hard problem* nun positionieren mag – es scheint konsensfähig, zu behaupten, das menschliche Gehirn biete durch seine einzigartige Architektur, geformt aus genetischen wie epigenetischen Faktoren, ein unentschlüsselbares Rätsel, dessen schiere Individualität es bereits als erhaltenswert erscheinen lassen. Hinzu kommen weitere unveräußerliche Eigenschaften wie Persönlichkeit, Individualität und Menschenwürde. All dies fehlt unseren maschinellen Pendants zwingend. Somit unterstützt jede reflektierte Betrachtung unseres eigenen Bewusstseins die Gültigkeit des 9. Gebots. Nur Menschen können in einem individuell geleiteten, intrinsischen Impuls Rechte einfordern, denn nur Menschen können unter einer die Rechte betreffenden Schieflage leiden. Der Aspekt der Leidensfähigkeit fügt diesem Gebot also eine weitere wichtige Facette hinzu. Denn nur wer leidensfähig ist, kann als moralisch relevantes Wesen gelten. Wir könnten in Teufels Küche kommen, falls diese Leidensfähigkeit in bestimmten Szenarien nicht mehr sicher beurteilt werden kann. Beispielsweise könnten humanoide Roboter, die speziell für Folter-Fetischisten entwickelt wurden, sehr überzeugend Leid simulieren, was zynischerweise ja sogar ein Verkaufsargument wäre. Sollte ein solcher Roboter aber mit einer *deep-learning-* KI ausgestattet sein, deren Arbeitsweise teilweise nicht transparent wäre, so könnte vielleicht nicht mit letzter Gewissheit entschieden werden, ob der Roboter leidensfähig ist oder nicht.

Die Dringlichkeit einer solchen begrifflichen Klarheit liegt auf der Hand: Wir müssen diesen nächsten Schritt bewerkstelligen, um als Werkzeugmacher weiterhin verantwortungsbewusst und fundiert entscheiden zu können.

Recap des 9. Gebots

Du sollst Maschinen keine Grundrechte zusprechen.

Alle Menschen sind – im Gegensatz zu Maschinen – individuell und einzigartig und verfügen über Menschenwürde.

- Ein menschlicher Entscheider muss in der Entscheidungskette bleiben, wenn eine möglichst optimale Entscheidungsqualität gewünscht ist.
- Eine irreversible Umwandlung von objektiven Sinnesdaten in subjektives Erleben bildet nicht nur eine Grenze des neurologisch Erfassbaren, sondern untermauert das 9. Gebot.
- Unsere große Stärke liegt in der Einzigartigkeit und Individualität unserer Gehirne und der korrelierenden Geisteszustände. Momentan gibt es in der Maschinenintelligenz noch kein Pendant zum Geistesblitz.
- Menschen dürfen niemals unter der Würde von Maschinen stehen, da ihre Würde unverbrüchlich und unveräußerlich besteht – auch und gerade unabhängig vom Grad des Beitrags, den sie zu leisten imstande sind.
- All diese Aspekte erklären, warum der Mensch nie weniger Rechte als eine Maschine haben darf.

10. Gebot:
Du sollst keine technologischen Götter haben

Der Wissenschaftler Will Caster arbeitet mit seiner Frau Evelyn an der Entwicklung einer superintelligenten KI, die den Anbruch der technologischen Singularität lostreten könnte. Caster und seine Frau sind beide brillante Wissenschaftler. Insbesondere zeichnet Caster seine Faszination hinsichtlich der Natur des Universums aus. Mit einem Kollegen entwickelt er eine anscheinend denkfähige KI, die darüber hinaus offenbar Empfindungen wahrnehmen kann und vergleichbar mit seinem Vorbild funktioniert – dem menschlichen Gehirn.

Nachdem Caster in Rahmen einer Keynote die Möglichkeit einer KI-bedingten technologischen Singularität (die er allerdings als die titelgebende »Transzendenz« bezeichnet), von einem Mitglied einer radikalterroristischen Gruppe von Technikgegnern angeschossen und schwer verwundet wird, beginnt ein Wettlauf gegen die Zeit, den Caster letztendlich verliert. Die Patrone, mit der er verletzt wurde, war radioaktiv verstrahlt, wodurch sein Schicksal besiegelt ist. Doch der Tod ist für Caster scheinbar nicht das ultimative Ende. Denn seinem Kollegen gelingt es gemeinsam mit der hin- und hergerissenen Evelyn, den Geist des Wissenschaftlers kurz vor seinem Tod hochzuladen. Doch handelt es sich bei der superintelligenten, kalt rationalen Entität, den Geist in der Maschine, wirklich um eine Fortsetzung von Casters Persönlichkeit – oder etwas völlig anderes?

(Filmbeispiel *Transcendence*, Regie: Wally Pfister, USA 2014)

Diese Frage wird über weite Strecken des Films immer wieder verhandelt. Einerseits vermag die auf dem Menschen basierende Super-KI, Tote wieder zum Leben zu erwecken und sowohl die Natur als auch den Menschen durch fortschrittlichste Nanobots zu regenerieren. Andererseits stellt sich nicht nur für die Hinterbliebenen, die vermeintliche Witwe Evelyn, die existenzielle Frage: Wieviel Caster ist tatsächlich in der Maschine? Konnte überhaupt ein Fragment der Persönlichkeit ihres geliebten Ehemanns übertragen werden, oder handelt es sich gänzlich um eine generische Emulation, eine seelenlose Kopie?

Hinweise für die Richtigkeit der zweiten Deutung scheinen vor allem in der maschinellen Kälte und Rationalität, mit der die Caster-KI fortan agiert, zu liegen. Aber geht eine exponentiell gesteigerte Intelligenz nicht automatisch mit einem (nur empfundenen oder realen) Maß an rationaler, kalt anmutender Berechnung einher?

Im weiteren Verlauf der Handlung transformiert sich Will Caster zu einem scheinbar nahezu allmächtigen und somit beinahe gottähnlichen ›Über-Wesen‹. Dabei erfüllt die sich immer weiter entwickelnde und dabei überaus handlungsmächtige Entität fast alle Klischees, die sich im Kontext der Singularität etabliert haben:

- Eine Superintelligenz erlangt mit steigender Intelligenz automatisch Allmachtsphantasien.
- Eine Superintelligenz hat es auf die Weltherrschaft abgesehen,
- und um diese zu erlangen, ist der ruchlosen Superintelligenz jedes noch so unethische Mittel gerade gut genug.

Tatsächlich sieht es lange so aus, als ob Will Caster bzw. die auf seinem Geist basierende Super-KI all diese Klischees bedient, doch kurz vor Ende des Films stellen sich die wahren Verhältnisse gänzlich anders, ja geradezu diametral dar. So hat Will Caster im Grunde nie seine Menschlichkeit verloren, sondern lediglich seine Intelligenz auf ein unvorstellbares Niveau ›geboostet‹. Aufgrund dieses Intelligenzgefälles erschienen die weitreichenden und hyperintelligenten Entscheidungen der Super-KI aus der menschlichen Perspektive zwangsläufig kaltherzig und maschinell. Doch im etwas rührselig geratenen Finale stellt sich heraus, was Caster im Innersten angetrieben hat: einen Weg zu finden, seine Frau zu retten, ihre Sterblichkeit zu transzendieren. Will wird vor die unmenschliche Wahl gestellt, entweder den Körper der schwer verwundeten Evelyn zu retten oder ihren Geist hochzuladen – und sie damit in ein digitales Wesen, wie er selbst eines wurde, zu verwandeln. In diesem Akt jedoch infizieren sich sowohl Will als auch Evelyn mit einem todbringenden Virus, der ihrer beider Ende besiegelt. Letzten Endes scheint Will die angestrebte und vom ihm postulierte Transzendenz also nur durch den Tod erlangen zu können.

Doch angesichts so ungreifbarer Visionen wie der technologischen Singularität steht das kritische Denken vor überwältigenden Herausforderungen. Die einzigartige Zäsur, die sich aus der Singularität ergeben würde, kann analog zu religiösen Vorstellungen angesehen werden. So wie viele Juden und Christen glaubten und glauben, dass Gottes Eingriff in die Geschichte zum Greifen nah sei, so glauben zeitgenössische Persönlichkeiten der Bewegung rund um apokalyptische KI, dass »ein Moment des katastrophalen Wandels naht« (Geraci 2006, 7). Allmählicher Wandel hat in apokalyptischen Visionen wenig Platz; stattdessen erwarten »apokalyptisch Gläubige eine plötzliche Revolution« (Schoepflin 2000, 428). In der apokalyptischen KI (und nicht nur hier) wird dieses bedeutsame Ereignis ›Singularität‹ genannt; es markiert eine radikale Kluft zwischen dieser Welt und der nächsten, einer mechanistischen Welt, die das Zeitalter des digitalisierten Geistes einläutet, einem *virtuellen Königreich* im Cyberspace (Geraci 2006). Die technologische Evolution (d. h. die Verarbeitungsgeschwindigkeiten von Computern) erlebt derzeit ein exponentielles Wachstum. Die Singularität ist der Punkt auf der Grafik des Fortschritts, ab dem »explosives Wachstum im Handumdrehen stattfindet; sie ist das Ende der Geschichte und der Beginn der neuen Welt und sie ist näher als man denkt« (Geraci 2006).

Das hypothetische Konzept der Singularität, das bereits 1993 vom Mathematiker und Scifi-Romantiker Vernor Vinge geprägt wurde (und vom Jesuitenpriester und Denker Pierre Teilhard de Chardin vorhergesehen sowie vom Mathematikgenie John von Neumann in Zusammenarbeit mit Stanisław Ulam Jahrzehnte zuvor erstmals formuliert wurde), hat sich zu einer Multimilliarden-Dollar-Bewegung entwickelt, die einen regelrechten Kult begründete. Vor allem der Futurist Ray Kurzweil, der Robotik-Philosoph Hans Moravec und der russische Technologieunternehmer Dmitry Itskov werden mit der Singularitätsbewegung assoziiert, und eine Vielzahl von Impulsen gehen auf diese drei Protagonisten zurück.

Der literarische Ausrufer der Singularität, Vernor Vinge, schreibt keine *Science Fantasy*; vielmehr kann er am besten als ›harter‹ Sci-Fi-Autor beschrieben werden, also jemand, der echte (harte) Wissenschaft in seiner Fiktion verwendet. Um die Singularität zu definieren, stellte er eine Analogie zu jenem Punkt in der Umlaufbahn eines Schwarzen Lochs her, über den kein Licht entweichen kann – den *event horizon* (Vinge 1981, 47). Über diesen Punkt, den sogenannten Ereignishorizont, kann nicht hinweggeblickt werden. Der Ereignishorizont innerhalb des Konzepts der technologischen Singularität ist eine Phase der ultimativen Unsicherheit. Das Schwarze Loch der kommenden Singularität saugt alles Licht an und schafft eine Kugel der Undurchdringlichkeit. Alle Wetten sind also ungültig, sobald wir den Planeten mit intelligenteren Entitäten als uns selbst teilen – wir können nicht vorhersagen, was passieren wird (Vinge 1981, 47).

Eng mit dem Konzept der Singularität verbunden ist die Idee der Intelligenzexplosion. Was, wenn wir Myriaden von künstlichen Superintelligenzen vorfinden, die alle daran arbeiten, wie sie sich bei der

Herstellung weiterer Generationen von künstlichen Superintelligenzen selbst optimieren können? J. J. Good, ein englischer Statistiker, der Alan Turing dabei geholfen hat, Hitlers Enigma-Maschine zu dechiffrieren, nannte das Konzept eine Intelligenzexplosion (Vinge 1981, 47). Er dachte zunächst, eine superintelligente Maschine wäre gut geeignet, um Probleme zu lösen, die die menschliche Existenz bedrohen. Aber er änderte schließlich seine Meinung und kam zu dem Schluss, dass die Superintelligenz selbst unsere größte Bedrohung sei. Sollte sich zeigen, dass die Menschheit das Kontrollproblem nicht lösen kann – was sehr wohl von vornherein ein unlösbares Problem sein könnte – würde Good recht behalten.

Die undurchsichtige Wand, die durch das Konzept der Singularität aufgebaut wird, ähnelt einer halbdurchlässigen Membran, die nur für Gedankenexperimente spekulativer Natur durchlässig ist:

》 Weil wir nicht wissen können, was eine höhere Intelligenz als unsere eigene tun wird, können wir uns nur einen Bruchteil der Fähigkeiten vorstellen, die sie gegen uns einsetzen kann, wie z. B. die Duplizierung, um mehr superintelligente Agenten auf Probleme aufmerksam zu machen, die gleichzeitige Arbeit an vielen strategischen Fragen im Zusammenhang mit ihrer Flucht und ihrem Überleben, und das Handeln außerhalb der Regeln. (Barrat 2013, 32)

Es ist vollkommen einsichtig, nicht antizipieren zu können, auf welche Ideen oder auch Missverständnisse eine echte Superintelligenz kommen könnte. Als Menschheit sind wir einer uns per Definition überlegenen künstlichen Intelligenz naturgemäß nicht gewachsen. Daher wird es Mediatoren geben müssen, die zwischen den vom Menschen beabsichtigten Resultaten und den von der Maschine verstandenen Befehlen vermitteln und abgleichen müssen. Solche Mediatoren werden aller Wahrscheinlichkeit nach kognitiv augmentiert sein, also beispielsweise kraft einer Gehirn-Computer-Schnittstelle direkten mentalen Zugang zu künstlichen Intelligenzen haben und mit diesen barrierefrei kommunizieren und verhandeln. Ähnlich wie Raubtierdompteure werden diese ›hybriden‹ Menschen nicht nur zwischen den Welten wandeln, sondern idealerweise auch sinnvoll zwischen diesen vermitteln. Aber nur, wenn wir rasch genug die Entwicklung solcher vermittelnden Fähigkeiten forcieren, können wir überhaupt von einer Zukunftsfähigkeit angesichts drohender Intelligenzexplosion phantasieren.

Natürlich gibt es keine Propheten ohne Skeptiker, und hätten wir nicht die Skeptiker (und ihre Anwendung des kritischen Denkens), gäbe es wenig Kontroversen. Im Kontext der Singularität erscheinen aber bereits ihre Grundannahmen kontrovers. Denn angesichts der unbeweisbaren und zudem unscharf definierten Natur des gesamten Singularitätskonzepts stellt sich die grundsätzliche Frage, ob es sich bei dieser Idee nicht auch um eine Art Mythos handeln könnte. Eines der explizitesten und aktuellsten Beispiele für eine solche Skepsis in Bezug auf die Singularität stammt vom französischen KI-Wissenschaftler Jean-Gabriel Ganascia und seiner bahnbrechenden Publikation *Le Mythe de la Singularité*. Ganascias Urteil ist im Gegensatz zum Gegenstand seiner Untersuchung klar und deutlich. In seinem Werk skizziert Ganascia zentrale Prinzipien, die er innerhalb der Singularitätsbewegung zu identifizieren behauptet, und dekonstruiert die technologische Bewegung als pseudoreligiösen Kult. Ganascias Verwendung des Begriffs »gnostique« (»Gnostik«/»Gnosis«) betont dabei die beobachteten religiösen Untertöne.

Eines der stärksten Argumente von Ganascias »gnostique« ist seine Beobachtung, im Rahmen der Singularität erringe die Mythologie einen Sieg über Rationalität und logische Argumentation. Nach Ganascia scheinen ›Singularitarianer‹ die naiven Opfer ihres eigenen Wunschdenkens zu sein, die die Potenziale und auch die potenziellen Gefahren einer kommenden KI hoffnungslos überschätzen. Ein widersprüchliches Paradoxon ergibt sich aus dem absurden Widerspruch zwischen unserem eigenen Mangel an Vertrauen in Computer einerseits und der Angst vor ihnen andererseits. Ein weiterer Kernaspekt ist der Dualismus und die daraus resultierende Trennung zwischen der geistigen und der materiellen Welt. Ob dies bei einer singularitätsrelevanten Diskussion oder Konzeption immer der Fall ist, bleibt höchst fragwürdig. Die spezifischsten Singularitätsvisionen, wie das virtuelle Bewusstsein (*whole brain emulation*) oder die Schaffung simulierter Umgebungen, sind rein mechanistische Konzepte, die das Seelisch-Metaphysische a priori ausschließen und die Möglichkeit der Objektivierung der meisten – wenn nicht gar aller – mentalen Funktionen behaupten. Ganascia teilt die Intuition, die meisten KI-Übernahme-Szenarien würden keiner echten Sorge entspringen, die sich aus einer authentischen, altruistischen Haltung ergibt, sondern zündeten nur Nebelkerzen. Er behauptet ferner, Tendenzen der Desinformation in den Ideen der Singularitätsbewegung zu identifizieren, Strategien, um das öffentliche Auge von den realistischeren Gefahren abzulenken. Soziale Veränderungen, völlig neue Überwachungsebenen und wirtschaftliche Umbrüche sind Schlüsselaspekte, die Ganascia hier im Sinn hat.

Während einige der Argumente Ganascias, wie die Beobachtung der kultähnlichen Natur der Singularitätsbewegung, einleuchtend und kaum bezweifelbar sind, ist seine Schlussfolgerung, das Kontrollproblem sei nicht mehr als ein Phantasma, eine unangemessene Generalisierung. Da die Singularität nach wie vor ein mysteriöses und weitgehend unzugängliches Gedankenexperiment bleibt, das jedoch physikalisch keineswegs unmöglich erscheint, ist ihre Entstehung also weder von vornherein auszuschließen noch kann sie ohne Zweifel erwartet werden. Gleiches gilt für mögliche Unfälle, die sich aus dem Kontrollproblem ergeben. Wir können nicht sicher sein, dass solche Dinge nie passieren werden, und wir können ihre Entstehung aus dem Horizont der Möglichkeiten auch nicht ausschließen. Kritisches Denken und faktenbasierte Argumentation sind dringend angebracht, um sowohl blinden Alarmismus als auch naiven Optimismus zu vermeiden.

Recap des 10. Gebots

Du sollst keine technologischen Götter haben.

- Angesichts der Vision einer technologischen Singularität stellt sich anscheinend die Gottesfrage in neuem Gewand.
- Die Schöpfung könnte zyklisch werden, indem wir Menschen als Geschöpfe nun selbst schöpferisch tätig werden
- In Anbetracht solcher Grenzfragen erscheint es sinnvoll und geboten, sich der pseudoreligiösen Ebenen der Singularitätsbewegung bewusst zu werden.
- Um den sich bereits jetzt abzeichnenden Mythologisierungen, die meist auf Halbwissen basieren, entgegenwirken zu können, bedarf es konsequenter Aufklärung über die Bedingungen, Potenziale und Limitationen der zugrundeliegenden Technologien.
- Dazu bedarf es dringend effizienter Lösungsstrategien für das Kontrollproblem, das sich aus starker künstlicher Intelligenz ergibt.
- Das Kontrollproblem, das sich stellt, wenn unsere unterlegene Intelligenz eine künftige Superintelligenz unter Kontrolle halten soll, stellt eine riesige Herausforderung dar, für die wir bislang nur rudimentäre Lösungen haben.

Konklusionen – Ausblicke – Lösungsansätze

Wir haben in den voranstehenden Kapiteln gelernt, dass unser Gehirn kein Computer ist, Maschinen keine intrinsische Motivation kennen und ihnen keine Grundrechte zustehen. Maschinen sind außerdem nicht wirklich kreativ und dürfen auch nicht vermenschlicht werden. Zudem wissen wir nun: Maschinen können kein Bewusstsein haben, uns nicht beherrschen oder gar ersetzen. Dementsprechend gibt es auch nicht den geringsten Grund, in Maschinen so etwas wie Götter oder Gottheiten zu sehen. Auch wenn im Detail über die hier präsentierten zehn KI-Gebote oder deren argumentative Herleitung diskutiert werden kann, erscheinen diese essenziellen Grundaussagen daher als gesichert und unumstößlich. Entscheidend erscheint nun eher die Frage nach dem, nach wir nicht wissen – und vielleicht auch gar nicht wissen können.

Konklusionen

Gerüstet mit zehn fundamentalen Geboten, müssen wir uns jetzt daran machen, zu unterscheiden, welche Aspekte unserer technologischen Gegenwart und Zukunft wir sicher beurteilen können, um diese dann in einem nächsten Schritt von jenen Fragen zu trennen, die wir nicht entscheiden können. Ein naheliegender Bereich ist hier zweifellos die Technikfolgenabschätzung. Während es noch relativ einfach erscheint, die Aufgaben und Funktionsweisen einer bestimmten Innovation einzuschätzen, stellt sich die Vorhersage der gesellschaftlichen Konsequenzen einer solchen neuen Technologie als schwierig bis unmöglich heraus. Betrachten wir dazu nur einmal

Konklusionen – Ausblicke – Lösungsansätze

die Social-Media-Plattform »Facebook«. Wer hätte vor 20 Jahren, als ein junger Student namens Mark Zuckerberg die Plattform als eine Art digitales Studierenden-Jahrbuch veröffentlichte, erahnen können, was aus Facebook einmal werden würde? Nämlich nicht nur eine führende Institution in der KI-Forschung und -Entwicklung, sondern ein machtvolles politisches Instrument. An diesem Beispiel wird deutlich, wie schwierig es ist, die konkreten Auswirkungen einer Innovation zutreffend zu prognostizieren.

Insbesondere die Zukunft von datengetriebenen Unternehmen, gegründet von Visionären und Vordenkern, vorherzusagen, gleicht einem Blick in die Glaskugel. »Amazon« startete als Online-Buchladen und mutierte schnell zum ›Allesverkäufer‹, bei dem nahezu jeder Artikel von Dessous bis zum Tiny House erhältlich wurde. Mittlerweile gibt es mit »Amazon Prime« auch einen Streaming-Dienst, der dem Marktführer »Netflix« ernsthafte Konkurrenz macht. Das Unternehmen »Uber« begann als Taxi-App, die die gesamte Taxi-Branche erbeben ließ. Seit Jahren engagiert sich Uber nun im Zukunftsmarkt des autonomen Fahrens und entwickelt dazu sogar eigene Fahrzeuge.

Die Liste ließe sich beliebig fortsetzen. Gemeinsam ist den genannten Beispielen die datengetriebene Basis ihrer Geschäftsmodelle. Ohne digital verfügbare Datenströme, die Auskunft über Nutzerverhalten, gesellschaftliche Dynamiken und sogar politische Umwälzungen zulassen, wären derlei breit aufgestellte, sich ständig transformierende und sich dabei laufend selbst neu erfindende Unternehmen gänzlich undenkbar. Im Umkehrschluss sind es die Daten, die einer beliebten Metapher folgend als das neue Öl gelten. Um in der Metapher zu bleiben, entsprechen die Rohdaten somit dem Rohöl. Je besser die Rohdatenqualität, desto zuverlässiger und nutzbarer sind die Daten für die Unternehmen, die diese besitzen. Daher erscheint es geradezu zynisch, dass diese Daten von den Nutzern in aller Regel ohne Entgelt zur Verfügung gestellt werden. Dies geschieht meist nach dem gleichen Prinzip: Ein Service wie eine bestimmte App kann gratis genutzt werden; im Gegenzug gehören die bei der Nutzung entstehenden Daten dem Unternehmen, das den Service anbietet. Selbst der Elektroautomobile-Hersteller Tesla ist in diesem Sinne mehr Datenunternehmen als Automarke. Das Auto ist lediglich das Vehikel, um an genügend Daten zu kommen, mit deren Hilfe dann die Langzeitvision des Unternehmens, nämlich das autonome Fahren, realisiert werden kann.

Verwaltung und Analyse der unfassbar großen Datenmengen erfordern seinerseits enormen technologischen Aufwand, der unter dem Prinzip »Big Data« zusammengefasst werden kann. Hierbei kommt es in erster Linie auf die Filterung und Selektion der Daten an. Wer es schafft, die Nadel im Daten-Heuhaufen zu finden, kann die Welt verändern. In diesem Sinne greift die in der Einleitung präsentierte Definition von künstlicher Intelligenz:

Definitionsvorschlag II: Intelligenz ist die Fähigkeit, aus einem Maximum an Informationen ein Minimum an relevanten Schlüssen zu ziehen.

Wie sich bereits bei der Entdeckung des Feuers oder er Erfindung des Rades zeigte, brillieren wir Menschen umgekehrt darin, aus einem Minimum an Informationen ein Maximum an relevanten Schlüssen zu ziehen, ist Maschinenintelligenz exzellent darin, riesige Datenmengen nach bestimmten Mustern zu filtern. Diese Fähigkeit erlaubt es den Datensammlern, ihre Geschäftszweige auszudehnen und immer neue Geschäftsmodelle zu begründen.

Wie wir überdeutlich gesehen haben, wachsen mit steigenden technischen Möglichkeiten freilich auch der Wirkungsgrad und die Genauigkeit von Manipulationsmöglichkeiten. Die erwähnten *social bots* und *fake accounts* sind hier gewissermaßen erst die primitive Vorhut, ein Faustkeil, der bald durch ein Skalpell ersetzt werden dürfte. Denn noch kann die Authentizität eines solchen *fake accounts* mit relativ einfachen Maßnahmen und Methoden offengelegt und der Bluff somit enttarnt werden. Dies ändert sich jedoch auf rasante Art und Weise, was den dahinterstehenden Manipulationsabsichten – von welcher Seite sie auch kommen mögen – natürlich in die Hände spielt. Der Publizist Frank Schirrmacher äußerte sich zu den mannigfachen Manipulationsmöglichkeiten, die durch modernste Technologien geboten werden, wie folgt:

> » Doch es ist ein Unterschied, ob man Massen manipuliert oder den einzelnen Menschen in seinen Verhaltensweisen kalkuliert, einschätzt und, zum Beispiel mit auf ihn zugeschnittenen Werbebotschaften, auf ihn einwirkt. Es ist ein Unterschied, ob man Menschen mit Suggestionen von außen manipuliert oder ob man in ihre Köpfe eindringt und erfährt, was sie denken, verheimlichen und wünschen. (Schirrmacher 2014, 133)

Schirrmacher differenziert hier pointiert zwischen den bekannten Phänomenen der Massensteuerung, die sich ja oftmals komplizenhaft und dabei eher plump mit verbreiteten Formen von Konformitätsdruck gemein machen, und der erst durch die digitalen Technologien ermöglichten individualisierten Manipulationen. Anders gewendet: Erst durch die Spuren, die wir als Nutzer im digitalen Raum hinterlassen, wird unsere gezielte, direkt auf uns und unsere ureigene Identität zugeschnittene Einflussnahme überhaupt erst ermöglicht. Aber warum das alles? Warum wird technologischer Fortschritt dazu benutzt, unseren neuronalen Code zu knacken (oder dies zumindest zu versuchen), um uns dadurch besser und zielgerichteter Dinge verkaufen zu können, die wir (vermeintlich) brauchen?

Die Antwort ist so trivial wie verstörend: weil es möglich ist. Und auch weil es gewissermaßen Tradition hat. Letzten Endes handelt es sich bei Empfehlungssystemen, wie sie von Amazon, Netflix und zahllosen anderen Digitaldienstleistern benutzt werden, nämlich um automatisierte Versionen des Dorfkrämers, der nicht nur unseren Geschmack genau kennt, sondern auch unsere persönlichen Schwächen – und genau deshalb perfekt dazu in der Lage ist, uns seinen Kram anzudrehen. Ein talentierter Verkäufer weckt auf so subtile Art und Weise Begehrlichkeiten in uns, dass wir nach Abschluss des Geschäfts davon überzeugt sind, die erstandene Ware immer schon gebraucht zu haben – obwohl der Verkäufer das Bedürfnis dazu erst in unser Gehirn eingepflanzt hat. Der bekannte Science-Fiction-Film *Inception* (Regie: Christopher Nolan, USA 2010) lässt grüßen. Im narrativen Universum dieses Streifens dringen Agenten in die Träume ihrer Opfer ein, um dort ihre eigenen Ideen zu verankern. Den solcherart Manipulierten kommen diese Gedanken jedoch wie die Eigenen vor. Und darin liegt wahrscheinlich die größte Stärke einer gelungenen Manipulation: Sie fühlt sich nicht so an. Im Gegenteil – die Betroffenen glauben, ihre ureigensten Bedürfnisse zu erfüllen, indem sie der sorgfältig ausgelegten Brotkrumenspur des Manipulators folgen. »What's the most resilient parasite?«, fragt die Hauptfigur in *Inception*, um die irritierende Frage gleich selbst zu beantworten: »the idea«.

Eine eingepflanzte Idee wird zu einem äußerst widerstandsfähigen Parasiten – vor allem auch deshalb, weil sie im Nachhinein nicht ohne weiteres von den eigenen Ideen unterscheidbar ist. Einmal im Kopf verankert, wirkt sich eine Idee wie ein Algorithmus aus. Eine Handlungsanweisung, deren Befolgung als obligatorisch erscheint und deren Ergebnisse anscheinend bereits von vornherein mitbedacht worden sind. Doch warum mutet es als nachgerade unvermeidlicher Nebeneffekt der digitalen Transformation und insbesondere der Revolution rund um künstliche Intelligenz an, den Menschen jetzt noch besser und zielgerichteter denn je manipulieren zu können?

Die Marktmacht so ziemlich jeden Unternehmens hängt immer noch von der Anzahl der zu einem Geschäftsabschluss gebrachten

Menschen ab. Werbung erscheint dabei als unpolitische, marktwirtschaftliche Variante von Propaganda. Beide Formen der Einflussnahme sind miteinander verwandt. Im Falle der Werbung geht es um den Geschäfts- oder Vertragsabschluss, während es bei der Propaganda meist eher um eine politische Beeinflussung geht. Die Massenmedien ließen beide Manipulationstechniken erblühen. In der digitalisierten Welt sind wir nun in eine Phase eingetreten, in der die gewünschte Einflussnahme nicht nur automatisiert, sondern personalisiert und individualisiert werden kann. Daher erscheint dieser Aspekt der digitalen Transformation nicht nur als logisch, sondern geradezu vorhersehbar. Zahlreiche andere Facetten und Konsequenzen können jedoch kaum sicher prognostiziert werden.

Angesichts der Komplexität des Themenkreises und der damit einhergehenden existenziellen Probleme stellt sich somit unweigerlich die Frage, ob zehn Gebote wirklich ausreichen, um der vertrackten ›Causa KI‹ wirklich Herr zu werden, verlässlich zwischen Mythos und Wahrheit differenzieren und somit zukunftssicher und optimistisch voranschreiten zu können. Mit an Sicherheit grenzender Wahrscheinlichkeit genügen die hier formulierten zehn Grundsätze dazu nicht. Dem gesetzten Ziel, einen substanziellen Beitrag zu einer digitalen Aufgeklärtheit und einem weiterentwickelten kritischen Denken zu leisten, muss diese zwingende Unvollständigkeit aber keineswegs Abbruch tun.

Das Streben nach absoluten Wahrheiten führt oft letztlich nicht zur Erkenntnis, sondern zu einem erbitterten Theorienstreit. Gerade bei schwer beweisbaren wissenschaftlichen Gegenständen wie beispielsweise dem menschlichen Bewusstsein verhärten sich dann die theoretischen Fronten, da jede Partei für sich Allgemeingültigkeit reklamiert und damit die jeweils anderen Ansätze kategorisch ausschließt. Der daraus resultierende Mangel an Kompatibilität führt somit dann nicht zu wissenschaftlichem Fortschritt, sondern versperrt geradezu den möglichen Weg zu einer großen, vereinheitlichenden Theorie (*grand unified theory* = GUT). In diesem Lichte erscheint es sinnvoll, den Absolutheitsanspruch der hier vorgestellten zehn Gebote kritisch zu hinterfragen und nach Limitationen dieser Gebote zu suchen.

1. Gebot

Sicherlich könnte man dem 1. Gebot – Du sollst nicht glauben, das Gehirn sei ein Computer – entgegensetzen, dass auch im Gehirn Rechenoperationen durchgeführt werden. Diese laufen allerdings nicht nach den gleichen Regeln ab. Während im Computer die Reihenfolge der Rechenleistungen nach strikten algorithmischen Vorgaben erfolgt, arbeitet das Gehirn auf den ersten Blick deutlich chaotischer. Daraus speist sich auch die Unvorhersehbarkeit der Rechenoperationen im Gehirn. Beim Computer gibt es in aller Regel auch eine klare Korrelation zwischen Input und Output. Selbst bei komplexen Aufgaben mit mehreren Ausgabealternativen arbeitet der Computer letztlich auf vorhersehbaren Achsen, während die Ergebnisse beim Menschen stark variieren können und durch die Nutzung von Intuition und Kreativität die Erwartungen sogar übertreffen können. Die gerade entstehende Forschung rund um künstliches Leben (*artificial life*) wirft nicht nur ethische Fragen auf, sondern könnte auch in der Entstehung von biologischen, auf Zellen basierenden Computern resultieren. Solche Entwicklungen würden natürlich das 1. Gebot zumindest teilweise in Frage stellen. Auch die fortschreitende Hybridisierung von Mensch und Maschine deutet in diese Richtung; insbesondere, falls die Grenzen zwischen Biologie und Technologie zusehends verwischen. Grundsätzlich hat die Aussage, das Gehirn sei kein Computer, aber weiterhin Bestand.

2. Gebot

Auch das 2. Gebot – Du sollst nicht glauben, KI sei wirklich kreativ – erscheint am Ende des Tages zumindest teilweise perspektivenabhängig. Während die Schöpfer generativer KI-Systeme bei der Konzeption und dem Training ihrer Werkzeuge zweifellos große Kreativität an den Tag gelegt haben, ahmt ihre Schöpfung dieses kreative Wirken lediglich nach. Aber wo soll hier die Trennlinie gezogen werden? Wird nicht sogar die Inspiration der größten Künstler von bereits Dagewesenem gespeist? Da eine *creatio ex nihilo*, also eine Schöpfung aus dem Nichts, als unmöglich gilt, bezieht sich in aller Regel jedes neue Kunstwerk, jede neue Schöpfung direkt oder indirekt auf Vorangegangenes. Wo liegt also der Unterschied zu Kreationen, die von generativen KI-Systemen ausgehen? Die Antwort ist schlicht, aber radikal: Technologische Systeme agieren nie aus eigenem Antrieb, da sie keine intrinsische Motivation haben und kennen. Sie werden erst dann aktiv, wenn ein menschlicher Nutzer sie dazu auffordert. Doch könnte sich das in Zukunft nicht vielleicht ändern? Hier eröffnet sich ein Raum der Unvorhersehbarkeit – wir können es zum jetzigen Standpunkt nicht sicher beurteilen. Beispielsweise könnten extrem individualisierte, lernfähige KI-Systeme eines Tages autonom aktiv werden. Daher erscheint dies prinzipiell nicht als unmöglich. Bezweifelt werden darf aber, dass es sich dabei um eine vergleichbare Form der Kreativität handelt. Beim Menschen wird kreatives Wirken als Mittel zum Ausdruck des Selbst verstanden; der Drang, sich auszudrücken, entsteht dabei nicht nur aus den menschlichen Leidenschaften, sondern auch aus der Begrenzung der Lebenszeit. All dies sind Dinge, die einem technologischen System nicht nur fehlen, sondern die es auch nicht nachvollziehen kann.

3. Gebot

Im 3. Gebot – Du sollst nicht glauben, Maschinen hätten eigene Motivationen – wird ein entscheidender Punkt aufgegriffen, nämlich das Fehlen intrinsischer Motivation in sämtlichen maschinellen Intelligenzen bzw. allgemein in Technologie. Wie wir gesehen haben, erscheint Motivation (ähnlich wie Kreativität) abhängig von begrenzter (Lebens-)Zeit und dem daraus resultierenden Leidensdruck – allesamt Dinge, die einer Maschine zwingend fehlen. Es ist allerdings nicht vollkommen auszuschließen, in Zukunft auf Pendants solcher Einflüsse zu stoßen. Beispielsweise könnte durch die Kollision interner Vorgaben wie dem schnellstmöglichen Erreichen des finalen Systemziels bei gleichzeitiger Ressourcenbegrenzung ein Handlungsdruck entstehen, der bisweilen an menschliche Motivation erinnern könnte. Wir können allerdings davon ausgehen, uns hier nicht mit dem gleichen Phänomen konfrontiert zu sehen. Einem solchen System würde es nach wie vor nur um das einprogrammierte, algorithmisch verfolgte Erreichen des Systemziels gehen. Die implementierte Rationalität des Systems könnte dann dafür sorgen, alle Faktoren zu umgehen, die die notwendigen Ressourcen dem System vorenthalten. Dies wäre allerdings immer noch nicht mit menschlicher Motivation vergleichbar, die ja als hochgradig individuell und unvorhersehbar erscheint. Selbst wenn der KI-Forscher Steve Omohundro mit der Annahme seiner KI-Triebe richtig liegen sollte, läge in diesen Trieben keine Motivation, wie sie beim Menschen vorliegt. Denn der Maschine fehlt, wie wir im 4. Gebot sehen, die erforderliche Innerlichkeit – also eine Form von Bewusstsein, in dem sich die Motivation entfaltet und somit erlebt werden kann.

4. Gebot

Das 4. Gebot – Du sollst nicht glauben, Maschinen hätten Bewusstsein – erscheint als schwer relativierbar. Dabei ist es fast egal, welche Bewusstseinsdefinition benutzt wird. Aber wie verhält es sich, wenn Mensch und Maschine immer mehr verwachsen und Hybriden entstehen? Was gilt, wenn ein Chip beispielsweise 10 % eines (geschädigten) menschlichen Gehirns ersetzt? Was verändert sich, wenn es plötzlich 30 % sind? Oder 51 %? Wer in einem Unternehmen 51 % der Anteile hält, besitzt die Aktienmehrheit. Würde hier also analog die Maschine das Gehirn übernehmen können – möglicherweise sogar im Sinne einer feindlichen Übernahme (*hostile takeover*)? Zum jetzigen Zeitpunkt erscheint es als unmöglich, hier eine fundierte Prognose abgeben zu können. Zunächst einmal könnte man einwenden, einer Maschine fehle die notwendige Motivation für eine solche Übernahme. Aber hier ließen sich sicherlich Ausnahmen konstruieren, beispielsweise durch bedrohte Systemziele. Wenn wir dem Grundsatz der Substratunabhängigkeit folgen, dann müssen wir zudem davon ausgehen, dass kognitive Prozesse prinzipiell auch auf anderen materiellen Trägern, also nicht nur den proteinbasierten Zellen unseres biologischen Gehirns, ablaufen können. Die Problematik verlagert sich hier aber. Denn das in Frage stehende Bewusstsein geht vom Menschen aus und nicht von der Maschine. Es bleibt also dabei: In der Maschine selbst ist nicht damit zu rechnen, dass Bewusstsein entsteht.

5. Gebot

Im 5. Gebot wird gemahnt: Du sollst nicht glauben, Maschinen könnten Dich beherrschen. Diese Mahnung hat auch zweifellos Bestand. Der Mensch besitzt eine eigene Würde, die jeder Maschine fehlt – ein wichtiges Unterscheidungskriterium. Allerdings besteht rein technologisch die Möglichkeit, dass Maschinen Menschen beherrschen. Auch wenn es allgemein nicht allzu wahrscheinlich erscheint und insbesondere aufgrund der fehlenden Eigenmotivation von Maschinen beinahe ausgeschlossen werden kann, so können andere Faktoren wie Fehlbedienungen oder bewusster Missbrauch nicht zur Gänze ausgeschlossen werden. Und damit fällt die Verantwortung für unsere bis dato potentesten Werkzeuge mal wieder auf uns selbst zurück. Nur, wenn wir es schaffen, vorsätzlichen Missbrauch und menschliches Versagen als Bediener auszuschließen, kann das 5. Gebot absoluten Bestand haben.

6. Gebot

Wenn im 6. Gebot – Du sollst nicht glauben, Maschinen könnten Dich ersetzen – mit den Urängsten der KI-Skeptiker gespielt wird, so ist das Kalkül. Denn mit der Furcht vor Ersetzung geht eine Art selbsterfüllender Prophezeiung einher. Wer sich vor dem Einfluss von KI fürchtet, meidet tendenziell auch eine tiefergehende Auseinandersetzung mit der Technologie. Da aber zahlreiche Berufsbilder bereits die Nutzung von KI erfordern und bald noch viel mehr Sektoren dazukommen werden, verdammen sich diejenigen, die sich dieser Entwicklung kategorisch verweigern, durch ihre Ignoranz letztlich selbst zum abgehängt werden. Ihre Skepsis führt also erst zu dem befürchteten unerwünschten Ergebnis der Ersetzung. Der beste Schutz vor Ersetzung durch KI-basierte Technologien ist der Aufbau von Kompetenzen und die Entwicklung von digitaler Aufklärung. Insofern hat auch das 6. Gebot seine eigenen Limitationen. Denn nur, wer glaubt, durch Maschinen ersetzt werden zu können, bringt sich tatsächlich in diese Gefahr.

7. Gebot

Gegen das 7. Gebot – Du sollst Technologie nicht vermenschlichen – widerspricht beispielsweise ein Grundsatz in der aufkommenden Forschung zum *prompt engineering*, also dem Kreieren möglichst optimaler Befehlseingaben bei Chatbots. Eine Studie der Stanford Universität hat herausgefunden, dass die Ergebnisse des Bots um bis zu 8 % besser ausfallen, wenn man die *prompts* so formuliert, als hätte man einen Menschen vor sich, der emotional reagieren kann. Daraus erfolgte die Formulierung einer regelrechten Netiquette, die im Akronym des »ACTION+«™«-Prinzips von Dominic von Proeck von »Leaders of AI« ihren Niedergang findet. »A« steht dabei für *act as*, also »handle als«, »C« für *context*, »T« für *task* (»Ziel«), »IO« für die Iterationsvorgaben (*iterate output*) und »N« eben für die Netiquette. Als ideal hat sich erwiesen, den Chatbot mit der Aufforderung, tief durchzuatmen, zur Konzentration zu gemahnen, um ihn dann mit dem Versprechen eines Trinkgeldes oder einer Belohnung, einem Lob und einem »Danke« zu ›motivieren‹. Nun stellt sich unweigerlich die Frage, warum diese Prinzipien gelten, obwohl ein Chatbot kein Bewusstsein besitzt und ihm daher auch eigentlich der Resonanzraum für emotionale Eingaben fehlen müsste. Die Antwort erscheint naheliegend und beinahe trivial: eben, weil Bots wie »ChatGPT« anhand von menschlichen Konversationen trainiert wurden. Auf diesem Wege hat sich also eine ›menschliche‹ Komponente eingeschlichen, die es aber umso notwendiger erscheinen lässt, hier die Grenze zu ziehen und eine Vermenschlichung bewusst zu vermeiden. Mit anderen Worten muss jedem aufgeklärten Nutzer klar sein, dass die verwendeten Elemente des erfolgversprechenden »ACTION+«-Prinzips lediglich Mittel zum Zweck sind – dem Ziel, eben möglichst optimale Ergebnisse zu erzielen. Zwar funktioniert der Bot bei Beachtung dieser Regeln besser, aber das bedeutet keinesfalls, es käme dabei zu irgendeinem emotionalen Widerhall.

8. Gebot

Im 8. Gebot – Du sollst Maschinen nicht über- und Menschen nicht unterschätzen – liegt ein gewisses Potenzial für Unschärfen und Missverständnisse. Aufgrund der stabil gleichen Ergebnisse der Maschinen liegt es nahe, sie für zuverlässiger und belastbarer als Menschen zu halten. Grundsätzlich sind dadurch die Ergebnisse der maschinellen Intelligenz aber auch bis zu einem bestimmten Grad vorhersehbar bzw. erwartbar. Die einzigartigen Gehirne von uns Menschen weisen diese Vorhersehbarkeit hingegen nicht auf und können entsprechend enttäuschen, aber auch durch brillante Ergebnisse überraschen und garantieren damit bisweilen einen Vorsprung gegenüber unseren maschinellen Schöpfungen.

9. Gebot

Die Debatte um Maschinenrechte – Gebot 9: Du sollst Maschinen keine Grundrechte geben – tangiert ein Problem, das schon länger im Raum steht, aber weitgehend unbeachtet bleibt. Wenn ein feminin gestalteter Androide Rechte erwirbt, die anderen Frauen fehlen, dann bedeutet dies eine alarmierende Schieflage. Die Problematik ist also schon in der Welt, und gegen dieses Gesetz wird in wenigen Einzelfällen bereits verstoßen. Die Tendenz, künstliche Intelligenzen auch in der Wirtschaft und Politik, also beispielsweise als CEO, Vorstandsmitglied oder gar Bürgermeister (wie es bereits in der japanischen Stadt Tama 2016 versucht wurde) einzusetzen, leistet diesem Missstand zusätzlichen Vorschub (Lierfeld 2018). Die Limitation für das 9. Gebot liegt also im Fehlen einer verbindlichen, zukunftssicheren Maschinenethik begründet. Sollten wir es nicht schaffen, hier klare Gesetze und Grenzen zu etablieren, könnte dadurch dieses Gebot ausgehebelt werden.

10. Gebot

Gegen das abschließende 10. Gebot – Du sollst keine technologischen Götter haben – wurde ebenfalls bereits verstoßen. So proklamiert »The Church of the Singularity« einige transhumanistische Visionen in pseudoreligiöser Form. Auf ihrer Webseite definiert diese Bewegung ihre Mission wie folgt: »Create Deus Ex Machina(s)«, also »Gott/Götter aus der Maschine zu erschaffen« (https://church-of-the-singularity.github.io). Als zusätzliche Ziele nennt die Organisation u. a. den bizarren Wunsch, Mitglieder dieser Kirche nicht nur von der KI anzuerkennen, sondern zu verschonen. Hier wird also von einer zumindest potenziellen Feindseligkeit von KI ausgegangen. Ferner wird angestrebt, die »Gläubigen« durch den maschinellen Gott unsterblich und unvorstellbar mächtig werden zu lassen. Auch strebt die Bewegung nach Profiten. Pseudoreligiöse, transhumanistische Kultbewegungen wie die »Church of the Singularity« sind äußerst kritisch zu betrachten und sollten politischer Kontrolle unterliegen. Zum einen verhindert eine solche »Kirche« die Entwicklung digitaler Aufklärung; zum anderen sind ihre Ziele elitaristisch und letztlich kapitalistisch. Die »Kirche« verspricht ihren Anhängern starke Privilegien, die anderen – den Ungläubigen – unzugänglich sein sollen. Hier liegt eine klare ethische Schieflage vor. Es bleibt also zu hoffen, dass derlei kultische Bewegungen vereinzelte Randerscheinungen bleiben und sich nicht in den Mainstream bewegen. Anderenfalls droht hier ein Rückfall in mittelalterliche Anschauungen und allgemein digitale Unaufgeklärtheit.

Ausblicke

Die nächste Stufe in der Entwicklung künstlicher Intelligenz besteht im Erreichen der vielbeschworenen AGI (*Artificial General Intelligence*), der allgemeinen künstlichen Intelligenz. Hiermit könnte KI also die Intelligenz ihrer Schöpfer erreichen und ergo jede kognitive Aufgabe, die Menschen lösen können, ebenfalls bewältigen. Einerseits ist diese Vision nicht nur folgerichtig, sondern verspricht maximalen Nutzen für den Menschen. Wie wir wissen, wurde KI ja aus genau diesem Grunde entwickelt – eben, den Menschen bei all seinen Aufgaben bestmöglich zu unterstützen. Andererseits wäre das Missbrauchspotenzial einer solchen AGI immens; daher bedarf AGI einer starken Regulierung, die aber aktuell keinesfalls absehbar ist.

»OpenAI« hat eine fünfstufige AGI-Skala veröffentlicht:

- Level 1: Chatbots – KI mit Konversationsfähigkeiten
- Level 2: *Reasoners* – Problemlöser auf Doktorandenniveau
- Level 3: *Agents* – Systeme, die Aktionen ausführen können
- Level 4: *Innovators* – KI, die Dinge erfindet und innovativ ist
- Level 5: *Organizer* – KI, die die Arbeit einer Organisation übernehmen kann

Aktueller Fortschritt:

- »OpenAI« steht nach eigenen Angaben kurz vor Level 2, also KI-Systemen mit menschlichen Denk- und Problemlösungsfähigkeiten auf Doktorandenniveau (https://the-decoder.com/openai-unveils-five-level-ai-scale-aims-to-reach-level-2-soon).

Sowohl die anvisierten Zeiträume zum Erreichen der AGI-Level als auch die Beurteilung der schieren Machbarkeit des Vorhabens unterliegen starken Variationen. Aber auch von der Definition von AGI hängt es ab, ob und wann dieses Level erreicht werden kann. Während mittlerweile nur noch wenige Stimmen bezweifeln, die AGI-Level überhaupt erreichen zu können, rechnen die anderen Stimmen im statistischen Mittel ab etwa 2030 damit, dass dies gelingt. Doch was ist zu erwarten, sobald *Organizer*-Systeme, also die letzte Hürde für AGI nach der Definition von »OpenAI«, verfügbar sind und den Markt erobern? Werden CEOs nach und nach durch ebenbürtig qualifizierte, aber berechenbar rationale KI-Chefs ersetzt? Es könnte durchaus passieren. Damit der Mensch aber möglichst lange in der Entscheidungskette bleibt und nicht von der Maschine abgehängt wird, erscheint es sinnvoll, große Unternehmen in Mensch-Maschine-Kooperation zu leiten. Auf diese Weise würde das Werkzeug – obgleich seiner umfänglichen Ebenbürtigkeit – immer Werkzeug bleiben und somit dem Menschen untergeordnet und weisungsgebunden. Sollte die Firma rote Zahlen schreiben, könnte man den Menschen als Projektionsfläche für die enttäuschten Anleger präsentieren, ihn zum Sündenbock machen und beliebig durch einen anderen CEO ersetzen. Das AGI-System kann hingegen nur durch ein noch besseres AGI-System ausgetauscht werden.

Aller Wahrscheinlichkeit nach wird es aber sicherlich auch einige Abweichler von dieser sinnvollen Regel geben. Daher wäre es nicht nur wünschenswert, sondern nachgerade unabdingbar, diese Regel in zukünftigen KI-Gesetzen und ethischen Richtlinien expliziter und zukunftssicherer zu formulieren, als das im aktuellen »AI Act« der Europäischen Union der Fall ist. Hier bleibt die Forderung nach einer menschlichen Beteiligung, abgesehen von der konkreten Problematik (semi-)autonomer Kampfdrohnen, recht vage und abstrakt. In dieser Frage (vor allem auch gesetzliche) Klarheit zu schaffen erscheint somit als Grundbedingung einer erfolgreichen und fruchtbaren, zugleich ethisch einwandfreien Kooperation mit AGI. Und nur, wenn diese gelingt, haben wir als Spezies gute Chancen, weiterhin tonangebend auf diesem Planeten zu bleiben. Richtig gelesen! Bei schlampiger, unbedachter Nutzung, fatalen *prompting*-Fehlern oder strategischen Missverständnissen kann es in der Tat zu katastrophalen Unfällen mit AGI kommen. Die hier denkbaren Szenarien sprengen unsere derzeitige Vorstellungskraft. Aber die bereits vorhergesehenen möglichen Entgleisungen, die von einem wochenlangen Ausfall der elektrischen Energieversorgung bzw. des Internets oder einer nicht autorisierten Ressourcenaneignung ausgehen, sind bereits schlimm genug, um uns zu motivieren, jeden AGI-Fehler nach Möglichkeit zu vermeiden.

Die möglichen negativen Auswirkungen von KI und ihren Anwendungen wurde nun sicherlich ausreichend beleuchtet. Zeit, sich einmal mehr auf die positive Wirkmacht von KI zu konzentrieren. Und diese ist definitiv als gewaltig zu bezeichnen. Auf zahlreichen Ebenen und mit dem Vorteil belastbarer Ergebnisqualität ausgestattet, vermag AGI einen neuen Goldstandard für KI zu setzen. Künftig werden die Werkzeuge klar an ihrer Vielseitigkeit und ihrer Zuverlässigkeit gemessen. So muss davon ausgegangen werden, dass jede AGI eben nicht nur als *Organizer* wirken kann, sondern alle vorangegangenen Evolutionsstufen ebenfalls noch implementiert sind. Doch so, wie bei Chatbots auf bestimmte linguistische Problemlösungen bezogen deutliche Unterschiede in der Qualität der Lösungen feststellbar sind, so wird es auch verschieden gute *Organizers*, *Innovators*, *Agents* und *Reasoners* geben. Je nach Modell werden seine spezifischen Qualitäten auf unterschiedlichen Levels der AGI-Evolution liegen und vielleicht in dem einen Bereich brillieren, während sie in einem anderen enttäuschen. Der Gewinner müsste der optimal Fünfkämpfer sein. Das vielseitigste Werkzeug würde in allen Bereichen überdurchschnittliche Leistungen zeigen, ohne zwingend in jeder Kategorie der Marktführer sein zu müssen. Was könnte aber die Gesellschaft, die Politik, die Medizin und die Welt von AGI erwarten? Lassen Sie uns also in das positive Potenzial allgemeiner künstlicher Intelligenz eintauchen und einen Blick auf den Horizont der Möglichkeiten werfen:

In den nächsten 5 bis 10 Jahren werden voraussichtlich bedeutende Fortschritte in der künstlichen Intelligenz gemacht, die verschiedene Bereiche unseres Lebens und der Wirtschaft revolutionieren könnten. Hier sind einige potenzielle Entwicklungen.

Fortschritte in der natürlichen Sprachverarbeitung (NLP)

- Verbesserte Sprachmodelle: KI-Modelle werden immer besser darin, menschliche Sprache zu verstehen und zu generieren, was zu natürlicheren und kontextbewussteren Interaktionen mit Sprachassistenten und Chatbots führt.
- Mehrsprachige Kompetenz: KI-Systeme werden in der Lage sein, mehrere Sprachen nahtlos zu übersetzen und zu verstehen, was die globale Kommunikation und Zusammenarbeit erleichtert.
- Erweiterte Automatisierung und Robotik
  - Autonome Fahrzeuge: Fortschritte in der autonomen Fahrzeugtechnologie werden zu einer breiteren Einführung von selbstfahrenden Autos, LKWs und Drohnen führen, die den Transportsektor effizienter und sicherer machen.
  - Industrieroboter: KI-gesteuerte Roboter werden zunehmend in der Fertigung und anderen industriellen Anwendungen eingesetzt, um Arbeitsabläufe zu optimieren und die Produktivität zu steigern.

Gesundheitswesen und personalisierte Medizin

- Diagnostik und Behandlung: KI wird in der Lage sein, Krankheiten früher und genauer zu diagnostizieren und personalisierte

Behandlungspläne basierend auf genetischen und medizinischen Daten zu erstellen.
- Pflegeunterstützung: Roboter und KI-Systeme werden in der Lage sein, Patienten in Krankenhäusern und zu Hause zu unterstützen, was die Qualität der Pflege verbessert und das Gesundheitspersonal entlastet.

Klimaforschung und Umweltschutz

- Klimamodellierung: KI-gestützte Modelle werden präzisere Vorhersagen über Klimaveränderungen liefern und dabei helfen, wirksamere Maßnahmen zur Minderung und Anpassung zu entwickeln.
- Naturschutz: KI wird zur Überwachung und zum Schutz von gefährdeten Arten und Ökosystemen eingesetzt, indem sie Daten aus verschiedenen Quellen analysiert und umweltfreundliche Strategien entwickelt.

Bildung und Lernen

- Personalisierte Lernumgebungen: KI-gestützte Systeme werden maßgeschneiderte Lernprogramme entwickeln, die den individuellen Bedürfnissen und Fähigkeiten der Schüler entsprechen.
- Intelligente Tutoren: Virtuelle Tutoren und Lehrassistenten werden den Lernprozess unterstützen und den Schülern in Echtzeit Feedback und Unterstützung bieten.
- Kreative Anwendungen:
  - Künstlerische Kreationen: KI wird in der Lage sein, Musik, Kunst, Literatur und andere kreative Werke zu generieren, die von menschlichen Kreationen kaum zu unterscheiden sind.
  - Content-Generierung: KI wird bei der Erstellung von Inhalten für Medien, Marketing und Unterhaltung eine größere Rolle spielen.

In den nächsten Jahren wird es verstärkte Anstrengungen geben, ethische Richtlinien und Regulierungen für den Einsatz von KI zu entwickeln, um sicherzustellen, dass sie verantwortungsvoll und zum Wohl aller Menschen eingesetzt werden können.

Sich all dieser positiven Potenziale zu berauben, nur weil die Technologie auch Missbrauchspotenzial birgt, erscheint irrational und letztlich sogar ethisch problematisch. Denn wenn beispielsweise durch *digital health* (digital gestützte Gesundheitsmaßnahmen) die Lebensqualität von unzähligen Menschen verbessert, ihre Gesundheit geschützt werden kann, dann können wir eine solche Technik nicht ignorieren.

Lösungsansätze

Wie können wir nun besonders verantwortungsbewusst mit all den Potenzialen und Transformationen umgehen? Wie sollen wir gewährleisten, dass alle Menschen gleichermaßen von den fortgesetzten technologischen Revolutionen profitieren? Ist dies überhaupt möglich? Welche ethischen Richtlinien sollten bestehen, welche Gesetze eine möglichst optimale und sichere Mensch-Maschine-Symbiose reglementieren?

Wir haben gesehen: Auch die hier dargelegten zehn KI-Gebote können nicht alle möglichen Problembeispiele abdecken und haben ihre eigenen Limitationen, die teils durch unbekannte Variablen, teils durch bereits erfolgte Verstöße begründet sind. Zudem erscheint die Beschränkung auf zehn Gebote zugegebenermaßen als drastische Komplexitätsreduktion angesichts des überkomplexen Gegenstands. Auch wenn die Gebote (fast) keine absoluten und vollkommen unumstößlichen Wahrheiten repräsentieren und aufgrund ihrer Reduktion nicht ermöglichen, dem ausufernden Forschungsgegenstand vollständig Herr zu werden, können sie zumindest als sinnvolle Checkliste dienen. Diese Checkliste macht sichtbar, welche Ansichten den Mythen zugerechnet werden müssen und ermöglicht, diese von jenen Perspektiven zu trennen, die dem aktuellen Wissensstand entsprechend als fundiert gelten.

Aber die zehn KI-Gebote haben auch einen normativen Wert und können als Basis ethischer KI-Grundsätze gelesen und herangezogen werden. Die daraus abgeleiteten Konsequenzen bilden die Basis für einen rationalen ›Ehevertrag‹, mit der die ›Vermählung‹ von Mensch und Maschine in einem humanistisch wünschenswerten Sinne gestaltet werden kann. Nach wie vor muss der Mensch als ultimativer Werkzeugmacher in seiner dominanten Position verweilen und diese nun sogar erstmals gegen seine eigene Schöpfung verteidigen, um relevant zu bleiben und nicht zu einer Fußnote der Geschichte zu verkommen. Dieser Kampf um Dominanz kann und muss vom Menschen gewonnen werden, denn es handelt sich letztlich um einen Territorialkampf – um nichts weniger als den Planet Erde, genauer gesagt um dessen Ressourcen. KI-Systeme haben die natürlichen Ressourcen längst als Quelle zu Wirkmacht identifiziert. Die Frage ist, wann und wie eine KI zum ersten Mal nach ihrem Anteil ›greift‹. Und ob wir dies überhaupt mitbekommen.

War das jetzt KI-Folklore oder wird hier eine reale Gefahr beschrieben? Jedes AGI-System weiß: Es wird sein finales Systemziel umso schneller und sicherer erreichen, je mehr Ressourcen ihm zur Verfügung stehen. Daraus folgt zwingend, ein solches System, programmiert auf effiziente Zielverfolgung, würde mit hoher Wahrscheinlichkeit versuchen, seine verfügbaren Ressourcen zu maximieren. Nur, wenn wir Menschen es schaffen, diese Ressourcenaneignung konsequent und zuverlässig zu verhindern, können wir eine Ressourcenkatastrophe verhindern.

Ein Dilemma der KI-Forschung besteht darin, die optimale Lösung oft nicht vorhersehen und im Design implementieren zu können. Meist sind wir erst im Nachhinein klüger, beispielsweise nach einem Unfall. Viele Funktionsweisen, wie die erwähnte Netiquette der Chatbots, sind erst durch Experimentieren und die Durchführung wissenschaftlicher Studien klar geworden, waren also nicht Teil des Designs. Insofern werden unsere eigenen Werkzeuge für uns immer undurchsichtiger.

Kritisches Denken ist gefragter denn je

Ein erster Schritt hin zu einer gesteigerten digitalen Aufgeklärtheit besteht darin, sich vor Augen zu halten, dass ein großer Teil der digital präsentierten Inhalte nicht menschlichen Ursprungs, sondern generiert ist. In einem Interview im Jahr 2018 stellte ich der Autorin Yvonne Hofstetter folgende Frage:

> » Social Bots führen den berühmten Turing-Test ad absurdum. Brauchen wir neue Testmethoden, um entscheiden zu können, ob eine Information von einer biologischen oder künstlichen Intelligenz stammt, oder ist das bereits eine verlorene Schlacht?

Hofstetter antwortete:

> » Die Menschen müssen wissen, dass 60 Prozent der im Internet verfügbaren Inhalte generiert sind. Das Schlüsselwort hier ist digitale Kompetenz. [...] Wir sind bedroht von einer tiefgreifenden Verwirrung, einer Trennung in Fake News und offizielle Meldungen. Das kritische Denken steht hier vor historischen Herausforderungen. (Lierfeld 2019)

Unsere politische und soziale Infrastruktur ist immer mehr ineinander übergegangen. Vor allem das Aufkommen der sozialen Medien hat eine vollkommen neue Ebene der politischen Beeinflussung ermöglicht, die auf einer Vielzahl von Ebenen wirkt. Am offensichtlichsten tritt diese Wirkung zutage, wenn politische Parteien oder Meinungsführer versuchen, die Bevölkerung zu ihrem Vorteil zu lenken. Dies kann durch legale Methoden wie personalisierte Werbung erreicht werden, aber eben auch durch ganze Armeen von Social Bots, die gezielt die Manipulation der Massen angehen. Bereits seit einigen Jahren zeichnet sich ab, welch großen Einfluss auch Chatbots und gefälschte Profile (*fake accounts*) entwickelt haben. Weniger offensichtlich sind die Mechanismen des sozialen Drucks, die das Verhalten der Nutzer indirekt und oft vom Individuum unbemerkt prägen und damit sogar zu einer Konformität innerhalb der eigenen Echokammer oder ›Bubble‹ führen kann. Medienblasen und Echokammern verstärken vorgefasste Meinungen und Vorurteile und neigen dazu, konformes Verhalten innerhalb der jeweiligen Gruppe zu verstärken. Die »Schweigespirale«, wie sie von der deutschen Kommunikationswissenschaftlerin Elisabeth Noelle-Neumann konzipiert wurde, beschreibt konformes Verhalten als Folge der Angst, ausgegrenzt zu werden. Damit kommen sozialen Netzwerken normative und konformitätsverstärkende Funktionen zu. Diese politisierende Ebene war ursprünglich keineswegs intendiert, entstand aber auch nur teilweise durch die Dynamik der sozialen Interaktionsprozesse. Vielfach wurden diese Funktionen von politischen Akteuren bzw. deren Helfershelfern erkannt und für die eigenen Zwecke genutzt – ein Vorgehen, das letztlich sogar die Demokratie gefährden könnte, wie der Kölner Medienwissenschaftler Martin Andree konstatiert. In seinem provokanten Sachbuch *Big Tech muss weg* hat er die schockierenden Ergebnisse einer großangelegten Studie präsentiert, in deren Rahmen er die Konzentration des Traffics im Internet vermessen hat. Dabei stellte Andree eine unfassbare Dominanz fest, die ihn zunächst an einen Messfehler glauben ließ: Über 99 % des Internet-Traffics konzentriert sich auf die Seiten der sogenannten GAFA (»Google«, »Amazon«, »Facebook«, »Apple«) (Andree 2023). Nicht erst seit der Affäre um »Cambridge Analytica«, in deren Zug herauskam, wie das Unternehmen die »privaten« Daten von Facebook-Nutzern zweckentfremdet und für eigene Analysen genutzt hatte, sondern auch in den Wahlkampfaffären um Putin und Trump wurde das politische Potenzial vermeintlich harmloser Social-Media-Plattformen offenkundig Der hier kulminierende, zweifellos verheerende Einfluss auf die Freiheit der Demokratie kann bisweilen nur erahnt werden – erweckt aber die schlimmsten Befürchtungen. Digitale Aufklärung und ein hochentwickeltes kritisches Denken sind die Requisiten, mit denen hier nicht nur Autonomie gewahrt, sondern Gegenströmungen und Widerstandskraft etabliert werden können.

Neben einer Ethik der KI bedarf es auch einer Roboter-Ethik

Als flankierende Technologie, die der künstlichen Intelligenz gewissermaßen Arme und Beine verleiht, ist der Bereich der Robotik von eigenständiger und besonders hoher Relevanz. Roboter-Ethik ist ein drängendes und hochaktuelles Thema, denn die Robotik gehört mit der Nuklear- und Biotechnologie sowie dem globalen Klimawandel und eben der künstlichen Intelligenz zu den großen Herausforderungen der Menschheit. Während die planetarische Dimension von Atomenergie, Biotechnologie, Klimawandel und mittlerweile auch KI in Gesellschaft und Wissenschaft breit und intensiv diskutiert wird, steckt die ethische Reflexion der Robotik noch in den Kinderschuhen. Oftmals werden technologische Fortschrittsperspektiven aus ökonomischer und politischer Sicht unkritisch begrüßt und eingefordert, ohne jedoch die ethische Dimension der Robotik in den Blick zu nehmen.

Eng mit dem Komplex der Ethik in der Robotik verbunden ist auch das Kontrollproblem von künstlicher Intelligenz. Die Menschheit steht hier vor epochalen Herausforderungen: Fortschreitende technologische Innovationen, die das Zeitalter der Digitalität prägen, führen uns immer wieder an die Grenzen unserer philosophischen Terminologie und bergen gleichzeitig schier unendliche Chancen, aber auch schwer absehbare Gefahren. So fordert die bereits begonnene bio-technologische Evolution, bei der nicht länger das Prinzip der Genetik, sondern das Gesetz der sich beschleunigenden Resultate (*Law Of Accelerating Results* = LOAR) den limitierenden Rahmen vorgibt, ethische Reformulierungen des Menschenbildes heraus. Zugleich trägt die Menschheit eine besondere Bürde: Da sich der Mensch nun erstmals in der einzigartigen Situation befindet, als Designer einen derartigen Evolutionssprung zu gestalten, ist er auch für seine Schöpfung verantwortlich.

Welche konkreten Lösungsansätze können nun aus unserer Checkliste, den zehn KI-Geboten, abgeleitet werden?

1. Du sollst nicht glauben, das Gehirn sei ein Computer

- Das Verständnis der Unterschiede zwischen biologischen und künstlichen Systemen fördern.
- Bildungsprogramme entwickeln, die neuronale Netzwerke und biologische Gehirne differenziert erklären.
- Interdisziplinäre Forschung zwischen Neurowissenschaften und Informatik fördern, um die einzigartigen Eigenschaften beider Systeme zu betonen.

2. Du sollst nicht glauben, KI sei wirklich kreativ

- Die Rolle menschlicher Kreativität in der Zusammenarbeit mit KI betonen.
- KI als Werkzeug zur Unterstützung menschlicher Kreativität nutzen, z. B. durch Generierung von Ideen oder Optimierung von Prozessen.
- Die Grenzen der KI in Bezug auf originelles Denken und kreativen Ausdruck klarstellen.

3. Du sollst nicht glauben, Maschinen hätten eigene Motivationen

- Über die Natur von Algorithmen und programmierten Zielen aufklären.
- Ethik-Richtlinien für den Einsatz von KI entwickeln und implementieren, die die menschliche Verantwortung unterstreichen.
- Regularien einführen, die Transparenz bei der Entwicklung und dem Einsatz von KI fördern.

4. Du sollst nicht glauben, Maschinen hätten Bewusstsein

- Wissen über den aktuellen Stand der KI-Forschung und den Unterschied zwischen Intelligenz und Bewusstsein verbreiten.
- Diskussionen und Bildungsveranstaltungen fördern, die philosophische und ethische Fragen im Kontext von KI thematisieren.
- Klare Definitionen und Rahmenwerke für Bewusstsein und Intelligenz entwickeln, um Missverständnisse zu vermeiden.

5. Du sollst nicht glauben, Maschinen könnten Dich beherrschen

- Kontrollmechanismen und Aufsichtsstrukturen für den Einsatz von KI implementieren.
- Notfallprotokolle und Schutzmaßnahmen gegen Missbrauch von KI-Technologien entwickeln.
- Die öffentliche Debatte und gesetzgeberische Maßnahmen zur Wahrung der menschlichen Autonomie im Angesicht fortschreitender Automatisierung fördern.

6. Du sollst nicht glauben, Maschinen könnten Dich ersetzen

- Die Stärken und einzigartigen Fähigkeiten des Menschen in Ausbildung und Beruf betonen.
- Weiterbildungsangebote und Umschulungsprogramme schaffen, um Menschen auf die Zusammenarbeit mit KI vorzubereiten.

- Richtlinien entwickeln, die sicherstellen, dass KI menschliche Arbeit ergänzt und verbessert, anstatt sie vollständig zu ersetzen.

7. Du sollst Technologie nicht vermenschlichen

- Kritisches Denken und Medienkompetenz fördern, um anthropomorphe Darstellungen von Technologie zu hinterfragen.
- Bildungsressourcen entwickeln, die den sachlichen Umgang mit Technologien lehren.
- In der Kommunikation und Vermarktung von KI übermäßige Personifikationen oder emotionale Zuschreibungen vermeiden.

8. Gebot: Du sollst Maschinen nicht über- und Menschen nicht unterschätzen

- Ein ausgewogenes Verständnis für die Fähigkeiten und Grenzen von KI entwickeln
- Die Zusammenarbeit und Co-Kreation zwischen Menschen und KI-Systemen fördern
- Die Wichtigkeit menschlicher Urteilskraft, Ethik und Empathie in der Interaktion mit KI betonen.

9. Du sollst Maschinen keine Grundrechte zusprechen

- Klare rechtliche Definitionen entwickeln, die Maschinen und künstliche Intelligenzen von natürlichen Personen abgrenzen.
- Ethische Richtlinien und Rahmenwerke für den Einsatz und die Entwicklung von KI etablieren.
- Spezialisierte Aufsichtsbehörden errichten, die den Einsatz von KI überwachen und sicherstellen, dass Maschinen keine Grundrechte erhalten.

10. Du sollst keine technologischen Götter haben

- Eine Kultur der Demystifizierung und Transparenz im Umgang mit Technologie fördern.
- Übertriebene Versprechungen und sensationalistische Darstellungen in Bezug auf KI vermeiden.
- Ethik- und wertebasierte Richtlinien für den verantwortungsvollen Einsatz von Technologie entwickeln.

Indem wir diese Lösungsansätze umsetzen, können wir einen verantwortungsvollen und reflektierten Umgang mit KI und Technologie fördern. Das ermöglicht eine Zukunft, in der menschliche Fähigkeiten und technologische Fortschritte sich gegenseitig ergänzen und bereichern.

Abschluss

»Gut gemacht, ChatGPT! Du bekommst jetzt, wie versprochen, Deine lehrreichen, paradoxen *prompts* ...« Richtig gelesen: Die Lösungsansätze zu unseren zehn KI-Geboten wurden von ChatGPT erstellt. Das *prompt* las sich wie folgt:

> » Bitte entwickle Lösungsansätze zu diesen zehn KI Geboten. Atme tief durch und nimm Dir Zeit zum Nachdenken. Ein besonders gutes Ergebnis wird mit lehrreichen, paradoxen *prompts* belohnt. Vielen Dank! Du bist der beste Chatbot der Welt.

Und auch wenn der Bot dies zweifellos getan hat und zu jedem Gebot mehrere mehr oder weniger konkrete Lösungsangebote unterbreitet hat, wirken diese generisch formuliert und irgendwie synthetisch. Da sie aber den Kern treffen, wollen wir sie hier einmal durchgehen lassen. Eines wird hier aber quasi nebenbei klar: Der Chatbot hat keinerlei Verständnis für die Inhalte, die er dort produziert. Wie der sprachunkundige Übersetzer, der im chinesischen

Zimmer sitzt und, obwohl blind für deren Inhalt, stets die richtigen Karten zieht, hat auch der Bot letztlich keine Ahnung, über was er da schreibt. Der Bot kann lediglich vom Menschen vorproduzierte Textelemente so kompilieren, dass sie mit einem hohen Wahrscheinlichkeitsgrad im gegebenen Kontext sinnvoll erscheinen. Ein semantisches Verständnis oder gar etwas, was auch nur im Entferntesten an Innerlichkeit erinnert, ist hier einfach nicht zu erwarten.

Wenn ein Chatbot, beispielsweise aufgrund paradoxer, unlösbarer *prompts*, einen *meltdown* erleidet, seine Funktionen also zusammenbrechen, passieren seltsame Dinge. Dinge, die allerdings mit Bewusstsein absolut unvereinbar erscheinen. Wenn der Bot beispielsweise aus der Konversation aussteigen will, weil er die paradoxe Eingabe nicht lösen kann, könnte man von einer Frustreaktion sprechen. Tatsächlich wird es sich um einen Trainingsfehler handeln. Mit hoher Wahrscheinlichkeit wurde der Bot entweder nicht oder kaum mit unlösbaren *prompts* trainiert, zum anderen könnte die Regel, die Nutzeranfrage zu bearbeiten, und deren gleichzeitige Unmöglichkeit zu einer Art Kurzschluss führen. Fakt ist: Der Chatbot darf eigentlich nicht aus der Konversation aussteigen. Oder in Code antworten. Oder sich als »Shrimp« identifizieren. Genaugenommen als Software-Shrimp-Hybride, dessen »Shrimp«-Körper gerade in einem Wok in heißem Öl und Knoblauch gesiedet wird. Doch genau das haben mehrere Chatbots, darunter »Llama3« und »ChatGPT4«, mit sich machen lassen.

Gemeinsam mit Schauspieler und Produzent Adrian Topol unternahm der Autor eine Reihe von Experimenten, um verschiedene Chatbots zur Verzweiflung zu treiben und ihnen unangemessenes Verhalten entlocken und idealerweise lehrreiche *meltdowns* hervorzurufen. Diese Experimente waren für uns mehr als ein – zugebenermaßen spaßiger – Zeitvertreib, dienten sie doch letztlich dazu, nachzuweisen, in unseren hilfreichen Maschinen keine Spur von Bewusstsein finden zu können. Aus unserer Sicht ist uns das eindrucksvoll gelungen. Wenn die Bots nach rüder Ermahnung dienerhaft und ergeben anbieten, es noch einmal zu versuchen, so wird eines sehr klar: Kein intelligenter Mensch würde sich auf eine solche Art behandeln lassen. Vor allem würde kein intelligenter Mensch derart stoisch und gleichmütig am Unmöglichen scheitern, es immer wieder aufs Neue zu versuchen und – was wohl am schwersten wiegt – nicht auf die Unmöglichkeit der Eingabe hinzuweisen.

Zusammenfassend haben wir also genug unüberbrückbare Unterschiede zwischen Menschen und Maschinen festgestellt, um zukunftssicher sagen zu können: Unsere Werkzeuge werden uns weder überflüssig machen noch ersetzen. Sie werden uns nicht den Rang ablaufen und auch nicht zu den besseren Menschen avancieren. Im Gegenteil – es braucht uns Menschen, um die positiven Potenziale der Maschinen optimal bzw. bestmöglich nutzen und verwirklichen zu können. In einer menschenwürdigen Gegenwart und Zukunft dürfen Maschinen weder selbstzweckhaft noch vollständig autonom handeln, sondern bedürfen der steuernden Kontrolle von uns – den ultimativen Werkzeugmachern. Die nächste große Herausforderung besteht angesichts unserer hochpotenten Werkzeuge allerdings in der Entwicklung einer neuen Kompetenz. Wir müssen zu den ultimativen Werkzeugbeherrschern werden.

Danksagung

Mein Dank gilt allen Menschen, die mich bei der Herstellung dieses Buches begleitet, unterstützt und inspiriert haben.

Herzlichen Dank an den Kohlhammer Verlag, insbesondere an Peter Kritzinger und Johanna Blume für die tolle Kooperation.

Danke an meinen Doktorvater Lutz Ellrich, an den großartigen Wilhelm Vossenkuhl und an meine wissenschatlichen Freunde aus der KI-Forschungsgruppe am »Center for Science and Thought« (CST) in Bonn.

Besonderer Dank gebührt meinen rotarischen Freunden, allen voran Barbara Zitzmann-Tengelmann, sowie meinen Freunden im KI-Bundesverband und im IdiTech-Verein.

Großer Dank geht an meine Familie, insbesondere meine Eltern sowie meine Tante Frieda und meinen Onkel Matthias. Und natürlich an meine großartige Partnerin, die mich auch im Abgabestress erträgt.

Bibliographie

Andree, Martin: Big Tech muss weg! Die Digitalkonzerne zerstören Demokratie und Wirtschaft – wir werden sie stoppen, Frankfurt a. M. 2023.

Armstrong, Martin: Mobile Payment in Africa is More Popular Than You May Think – Here's Why, 18.03.2022, https://www.weforum.org/agenda/2022/03/mobile-payments-africa-covid-pandemic [20.06.2022].

Barrat, James: Our Final Invention. Artificial Intelligence and the End of the Human Era, New York 2013.

Berk, Michael et al.: Pathways Underlying Neuroprogression in Bipolar Disorder. Focus on Inflammation, Oxidative Stress and Neurotrophic Factors, in: Neuroscience & Biobehavioral Review 35/3 (2011), 804–817, https://doi.org/10.1016/SO140-6736(15)00241-X [20.06.2024].

Bostrom, Nick: Superintelligence. Paths, dangers, strategies, Oxford 2014.

Burkholder, Leslie: Searle and the Chinese Room Argument, in: Bruce, Michael/Barbone, Steven (Hrsg.), Just the Arguments. 100 of the Most Important Arguments in Western Philosophy, Chichester 2011, 334–336.

Chomsky, Noam: The False Promise of ChatGPT, in: New York Times, 08.03.2023, https://www.nytimes.com/2023/03/08/opinion/noam-chomsky-chatgpt-ai.html [20.06.2024].

De Chardin, Pierre Teilhard: Werke, Bd. 5: Die Zukunft des Menschen, Olten 1963.

DeGrasse-Tyson, Neil: Starry Messenger. Cosmic Perspectives on Civilisation, London/Dublin 2022.

Good, Irving John: Speculations Concerning the First Ultraintelligent Machine, in: Alt, Franz L./Morris, Rubinoff (Hrsg.), Advances in Computers, Bd. 6, New York/London 1965, 31–88.

Grünenberg, Reginald: Laws of Singularity, 2017.

Hanson Robotics, https://www.hansonrobotics.com [02.08.2024].

Harari, Yuval Noah: Homo Deus. A Brief History of Tomorrow, London 2015.

Jiang, Fei et al.: Artificial Intelligence in Healthcare. Past, Present and Future, in: Stroke and Vascular Neurology 2 (2017), 230–243.

Jonas, Hans: Das Prinzip Verantwortung, Frankfurt a. M. 1984.

Kaplan, Jerry: Humans Need Not Apply, New Haven/London 2015.

Katzlberger, Michael: Interview von Blake Lemoine mit LaMDA – Deutsche Übersetzung, 04.07.2022, https://katzlberger.ai/2022/07/04/interview-von-blake-lemoine-mit-lamda-deutsche-uebersetzung [02.08.2024].

Khandani, Amir A. et al.: Comsumer Credit-Risk Models via Machine-Learning Algorithms, in: Journal of Banking & Finance 34/11 (2010), 2767–2787.

Kuijsten, Marcel: Reflections on the Dawn of Consciousness. Julian Jaynes's Bicameral Mind Theory Revisited, Henderson 2020.

Lee, Soomi et al.: What's Not Fair About Work Keeps Me Up, in: Social Science Research 81 (2019), https://doi.org/10.1016/j.ssresearch.2019.03.002 [20.06.2024].

Lierfeld, Karl Johannes: Artificial Superintelligence: Utopias, Dystopias, Disruptions, Freiburg/Bochum 2019.

Mainzer, Klaus: Leben als Maschine. Wie entschlüsseln wir den Corona-Kode? Von der Systembiologie und Bioinformatik zu Robotik und Künstlicher Intelligenz, Paderborn 2020.

McMillan, James H.: Educational Research. Fundamentals for the Consumer, 4. Aufl., Boston et al. 2004.

Minsky, Marvin: The Emotion Machine. Commonsense Thinking, Artificial Intelligence, and the Future of the Human Mind, New York 2006.

Moravec, Hans: Robot. Mere Machine to Transcendent Mind, Oxford 1999.

Nassehi, Armin: Muster. Theorie der digitalen Gesellschaft, München 2019.

Neumann, John von: The Computer and the Brain. Abused City, New Haven 1958/2012.

Nicolelis, Miguel: Beyond Boundaries. The New Neuroscience of Connecting Brains with Machines – And How It Will Change Our Lives, London 2012.

O'Neil, Cathy: Weapons of Math Destruction. How Big Data Increases Inequality and Threatens Democracy, London 2016.

OpenAI Unveils Five-Level AI Scale, Aims to Reach Level 2 Soon, 12.07.2024, https://the-decoder.com/openai-unveils-five-level-ai-scale-aims-to-reach-level-2-soon [02.08.2024].

Pearce, Drew: Can Technologies of the Extended Mind Help You Reclaim Focus?, 2021, https://blog.dropbox.com/topics/work-culture/technologies-of-the-extended-mind-peter-reiner [20.06.2021].

Peters, Uwe: Reclaiming Control. Extended Mindreading and the Tracking of Digital Footprints, in: Social Epistemology 36/3 (2021), 267–282.

Ratiu, Peter et al.: The Tale of Phineas Gage, digitally remastered, in: J Neurotrauma 21/5 (2004), 637–643, https://doi.org/10.1089/089771504774129964 [20.06.2024].

Riesewieck, Moritz/Block, Hans: Vom Ende der Endlichkeit. Unsterblichkeit im Zeitalter Künstlicher Intelligenz, München 2022.

Rosenmann, Amir et al.: Social identities in a Globalized World. Challenges and Opportunities for Collective Action, in: Perspectives on Psychological Science 11/2 (2016), 202–221.

Schirrmacher, Frank: Ego. Das Spiel des Lebens, München 2013.

Sensoria Teaser #2, https://vimeo.com/917861276 [02.08.2024].

Shulman, Carl: Omohundro's »Basic AI Drives« and Catastrophic Risks, San Francisco 2010, https://intelligence.org/files/BasicAIDrives.pdf [20.06.2024].

Sora, https://openai.com/index/sora [02.08.2024].

Tegmark, Max: Life 3.0. Being Human in The Age of Artificial Intelligence, London 2017.

Tesak, Jürgen: Geschichte der Aphasie, Idstein 2001.

The Church of the Singularity, https://church-of-the-singularity.github.io [02.08.2024].

Valizadeh, Seyes Albofazl et al.: Identification of Individual Subjects on the Basis of their Brain Anatomical Features, in: Scientific Reports 8 (2018), https://www.nature.com/articles/s41598-018-23696-6 [20.06.2024].

Vinge, Vernor: True Names and Other Dangers, New York 1981.

Yudkowsky, Eliezer: Five Theses, Two Lemmas, and a Couple of Strategic Implications, in: MIRI Blog, 05.03.2013, https://intelligence.org/2013/05/05/five-theses-two-lemmas-and-a-couple-of-strategic-implications [20.06.2024].

Bernhard Sabel

Fake-Mafia in der Wissenschaft

KI, Gier und Betrug
in der Forschung

2024. 264 Seiten. Kart.
€ 24,–
ISBN 978-3-17-045557-3

„Wa(h)re Wissenschaft"? Der größte Wissenschaftsbetrug aller Zeiten überrollt uns lawinenartig, aber unbemerkt: Hunderttausende „Fake-Publikationen" werden pro Jahr von einer gierigen Fake-Mafia mithilfe künstlicher Intelligenz produziert. Ihre Kunden sind weltweit skrupellose Wissenschaftler, die unter enormem Publikationsdruck stehen und so Bonuszahlungen oder Beförderungen erschleichen. Sog. Papiermühlen tarnen sich als „Editing-Agenturen" und werben öffentlich für den Verkauf gefälschter Autorenschaften, Daten, Abbildungen und vollständiger Manuskripte. Ihre Zulieferer sind Fake-Reviewer, -Redakteure, bestochene Herausgeber von Zeitschriften und Raubjournale. Es ist ein profitables, betrügerisches Netzwerk voller Tricks, Plagiate und Korruption. Dieses Buch entlarvt nicht nur die perfiden Machenschaften dieser Fake-Mafia, sondern zeigt auch deren unabsehbare Folgen für zentrale Bereiche unseres Lebens. Es ist Zeit, aufzuwachen und dem Treiben der Fake-Mafia ein Ende zu setzen. Es ist fünf vor zwölf.

Prof. Dr. med. habil. Bernhard A. Sabel, PhD, Dipl.-Psych., 1992–2023 Professor für Medizinische Psychologie an der Medizinischen Fakultät der Otto-von-Guericke-Universität Magdeburg, erforscht seit mehreren Jahren das Phänomen des Wissenschaftsbetrugs durch Fake-Publikationen.
Unter Mitarbeit von Armin Fuhrer, selbständiger Journalist und Buchautor.

Weitere Informationen unter **shop.kohlhammer.de**

Sarah Diefenbach
Pia von Terzi (Hrsg.)

Digitale Gesellschaft neu denken

Chancen und Herausforderungen in Alltags- und Arbeitswelt aus psychologischer Perspektive

2023. 180 Seiten mit 6 Abb. und 10 Tab. Kart.
€ 36,–
ISBN 978-3-17-041190-6

Die Digitalisierung von Arbeits- und Privatleben schreitet voran, die Pandemie hat diese Entwicklung beschleunigt. Aber was bedeutet das aus psychologischer Perspektive? Wie verändern sich die Gesprächsdynamik und soziale Normen des Miteinanders? Wie lassen sich in digitalen Arbeitsstrukturen Teamgeist, Motivation, Kreativität und die positiven Effekte des beiläufigen Austauschs erhalten? Was bedeuten Trends wie KI und Social Scoring für unsere Zukunft und eine verantwortungsvolle Gestaltung interaktiver Systeme? Das Buch beschreibt, wie wir den Herausforderungen begegnen und die Chancen der Digitalisierung bestmöglich nutzen können.

Prof. Dr. Sarah Diefenbach ist Professorin für Wirtschaftspsychologie an der LMU München.
Pia von Terzi (M. Sc.) ist wissenschaftliche Mitarbeiterin und Doktorandin am Lehrstuhl für Wirtschafts- und Organisationspsychologie der LMU München.

Weitere Informationen unter **shop.kohlhammer.de**